为女孩量身定做的成长书

女孩百科
完美女孩的秘密手册

让身体美丽一生的健康小秘密！

彭凡 / 编著

北京

图书在版编目（CIP）数据

完美女孩的私密手册/彭凡编著.—北京：化学工业出版社，2020.7（2023.6重印）
（女孩百科）
ISBN 978-7-122-36956-7

Ⅰ.①完⋯　Ⅱ.①彭⋯　Ⅲ.①女性-青春期-健康教育-青少年读物　Ⅳ.①G479-49

中国版本图书馆CIP数据核字（2020）第084294号

责任编辑：丁尚林　马羚玮　　　　　　　装帧设计：花朵朵图书工作室
责任校对：王　静

出版发行：化学工业出版社（北京市东城区青年湖南街13号　邮政编码100011）
印　　装：中煤（北京）印务有限公司
710mm×1000mm　1/16　印张11　2023年6月北京第1版第4次印刷

购书咨询：010-64518888　　　　　　　　售后服务：010-64518899
网　　址：http://www.cip.com.cn
凡购买本书，如有缺损质量问题，本社销售中心负责调换。

定　　价：39.80元　　　　　　　　　　　　　　　　版权所有　违者必究

前言

仿佛昨天,
　我们还光着脚丫在学走路。
　　一眨眼,
　　稚嫩的脚步突然停住,
我们踏上了敏感而奇幻的青春之路。

让我们打开这本充满魔力的书,
　　去拨开青春的迷雾;
让我们翻开这一篇私密的手册,
　　踏上神奇的成长之路。

这是一段奇幻的旅途,
　让我们领略生命的炫与酷;
　这是一次华丽的蜕变,
让我们化身成最美的公主。

目录

第1章　我的身体怎么了

崔宝拉的"怪病"	2
可不可以不穿内衣啊?	4
"大姨妈"来了	6
女生为什么会来月经呢?	8
痛经好难受啊!	10
月经综合征	12
月经期间要小心	14
痘痘别找我	16
私处痒痒的	18
身体像动物一样长毛了	20
我会不会成秃头?	22
声音变粗了	24
饭量突然增大了	26
讨厌的赘肉	28
我怎么这么矮	30
我有点儿驼背	32
睡觉竟然磨牙流口水	34
出汗后身体臭臭的	36
腿上的小疙瘩	38
女生长相排行榜	40
我不敢张嘴笑	42
戴上眼镜的那一刻	44
奇怪的小动作	46
那些令人尴尬的事儿	48

第2章 这就是成长的烦恼

最近比较烦	52
我有个男孩子的名字	54
如果我是男生……	56
我好羡慕她	58
妈妈偷看我的日记	60
进我的房间请敲门	62
没人在意我的想法	64
讨厌爷爷的胡子	66
我的理想很荒唐吗？	68
妈妈的唠叨	70

不想去爸妈安排的辅导班	72
爸爸妈妈吵架了	74
爸爸第一次打了我	76
第一次面对死亡	78
别家的小孩	80
爸妈不喜欢我的朋友	82
我的父母真丢人	84
假如爸爸妈妈离婚了	86
上课老想别的事情	88
我不是老师喜欢的学生	90

第3章　男生究竟有多特别

男生有什么不一样？	94	我讨厌男生们都喜欢的女生	112
他有了惊人的变化	96	怎样和男生相处？	114
他没以前讨厌了	98	这就是喜欢吗？	116
男生真的很幼稚	100	我为什么不专一？	118
好想有个哥哥	102	收到第一封情书	120
我越来越臭美	104	美妙的"约会"！	122
我的公主梦	106	请大声地说"不"	124
不想被男生们讨厌	108	我想我失恋了	126
我的异性朋友	110		

第4章 我的私密花园

妈妈，我从哪里来？	130
为什么男人不能怀孕？	132
是男孩还是女孩？	134
我在妈妈肚子里的十个月	136
处女膜是什么东西？	138
奇怪的"气球"	140
美丽的性	142
我的"初吻"	144
爸爸是特别的男生	146
我什么时候可以结婚？	148

网络上奇怪的内容	150
公交车上的怪叔叔	152
有个男生掀我的裙子	154
如何保护自己？	156
艾滋病有多可怕？	158
偷穿妈妈的高跟鞋	160
爱打扮成男生的女生	162
我的怪癖	164

人物介绍

崔宝拉

我是一个小眼睛、大鼻子,长着两颗小虎牙,有点儿婴儿肥的平凡女生,正处在青春期的我脑海里充满了许多奇妙的问题。我鼓起勇气和大家分享我的秘密,希望和大家一起拥有一个美妙的青春期。

优点:天真可爱、真诚友爱。
缺点:敏感、胆小、有点儿小自卑。

陆诗妍

我是崔宝拉最好的朋友,最忠实的心理咨询师。我虽然比崔宝拉小半岁,但我懂的事情比她多多了。我发誓,无论崔宝拉遇到什么事情,我都会陪在她身边,无论崔宝拉有什么疑问,我都会耐心地替她解答。

杜冰

比崔宝拉大一岁的表姐，典型的窈窕淑女，一个有点儿早熟的女生。

崔轩齐

比崔宝拉大两岁的堂哥，从国外回来的大帅哥，是崔宝拉仰慕的对象。

周曼

一个长相平平，却十分乐观的女孩。

李思思

班上的万人迷，男生们都很喜欢的那种女孩。

刘老师

我们可爱可敬的班主任老师。

安浩

心地不坏，却喜欢调皮捣蛋、捉弄女生的男生。

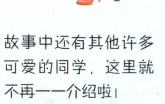

故事中还有其他许多可爱的同学，这里就不再一一介绍啦！

第 1 章

我的身体怎么了

崔宝拉的"怪病"

陆诗妍与崔宝拉年纪相仿。因此,宝拉有什么心事老是找诗妍。

这天,崔宝拉将陆诗妍拉到一处没人的角落,一脸焦虑地对她说:"诗妍,我最近不知道怎么了,胸部又痛又胀,还长出了硬硬的疙瘩。你说,我不会得了什么怪病吧!"

陆诗妍听了,扑哧一笑:"别担心,这根本不是什么病,而是你的胸部在发育呢!从现在开始,你的胸部会一点点长大,过不了多久就会长得跟大人一样了。"

"哇!原来是这样啊!"崔宝拉总算松了口气。

在七八岁以前,女孩和男孩的胸部看上去没什么两样,等进入青春期后,女孩的女性激素开始分泌,胸部就会开始发育,乳房变成像大人那样。只不过有的女孩发育早一些,有

的女孩稍微迟一些；有的女孩胸部长得很快，有的却长得很慢。我们完全没有必要担心，只要放平心态，胸部就会一天天健康地长大！

● **宝拉的疑问：**

1. 乳房怎么会一个大一个小呢？

发育时期，两边乳房有很小的差异很正常，我们不用太在意。出现这种情况是由于体内一侧的雌激素、孕激素的敏感性较强，所以这一侧的乳房生长较快，而另一侧较慢。随着发育成熟，两侧乳房会渐渐变得一样大呢！

2. 是不是长大后胸部就不会痛了？

这也不一定呀！长大后胸部发育完全，胸部不会经常性疼痛，但是每次来月经前后还是可能会痛。不过因人而异，并不是每个人都是这样的。

可不可以不穿内衣啊？

回到家后，崔宝拉将自己胸部开始发育的事情告诉了妈妈。

第二天早上，宝拉正在房间里换衣服，妈妈突然闯进来，手里拿着一件半截小背心，对宝拉说："从现在开始，你要穿内衣啰！"

怀着万分新奇的心情，宝拉套上了妈妈准备的内衣。

"咦！好不舒服啊！我快不能呼吸了。"

宝拉不停地调整内衣，可是不管怎么弄，还是觉得不舒服。

新鲜感消失了，宝拉只感觉穿内衣是件非常痛苦的事情，宝

拉在心里念了几千遍：可不可以不穿内衣呀，为什么一定要穿内衣呢？

● **女孩为什么要穿内衣？**

1. 保护胸部，以免娇弱的乳房受到外力的撞击和挤压。
2. 为胸部塑形，避免胸部在长大过程中下垂或外扩。
3. 避免被别人看到突出的乳头，造成尴尬。

穿内衣需要注意的事情

● 1. 不要穿太紧或不合身的内衣，容易影响胸部发育，或导致驼背。

● 2. 穿内衣最重要的不是为了美观，而是为了健康，所以请根据胸部的大小选择合适的内衣。

● 3. 新买的内衣要清洗后才能穿！不要让内衣上的细菌侵入身体里。

● 4. 不要穿内衣睡觉，这样睡觉时血液循环才更畅通，胸部才不会长出可怕的结或块。

"大姨妈"来了

午休时间,陆诗妍突然跑过来,小声对崔宝拉说:"我大姨妈来了,要回家一趟,你帮着跟刘老师请个假。"

崔宝拉十分爽快地答应了,等陆诗妍一离开,她就跑到刘老师办公室,大声说道:"刘老师,陆诗妍让我帮她请个假,她家里来客人了。"

"客人?"

"对呀!"崔宝拉赶紧解释道,"她大姨妈来了。"

没想到此话一出,办公室里的老师们全都笑翻了,崔宝拉却站在那儿,丈二和尚摸不着头脑。

● **宝拉的疑问:**

"大姨妈"究竟是谁?

其实,陆诗妍所说的"大姨妈",并不是她家的亲戚,而是她来月经了。来月经是女孩发育特有的标志,每个女孩正常情况下到了一定的年龄都会来月经,而且每个月准时来一次。它标志着女孩即将长大成人。

来月经的时候,身体里会流出很多血来,看起来是件很可怕的事。其实这很正常,我们完全不用担心,等过上几天,血就会慢慢消失啦!

"大姨妈"为什么迟迟不来?

身边的女同学都来月经了,为什么我却迟迟不来呢?是不是我有什么问题?当然不是这样啦,由于体质的不同,每个人发育的时间会有所不同,一般当胸部发育一两年后,月经初潮就会到来啦!

女生为什么会来月经呢?

一天早上,崔宝拉从睡梦中醒来,感觉裤子上湿湿的。"我不会尿床了吧!"她赶紧掀开被子一看,床单上出现了一块鲜红的血迹。

"啊!这是怎么回事?"

崔宝拉慌慌张张地朝门外大喊道:"妈妈,快救我,我大出血啦!"

妈妈跑进宝拉的房间,朝床上一看,立刻惊喜地大叫道:"宝贝,恭喜你,你来月经啦!"

接着,妈妈拿来了卫生巾,指导宝拉将它贴在内裤上,然后帮她换掉弄脏的床单。

崔宝拉看着床单上的血迹,小脑瓜里又出现了奇怪的问题,于是她问道:"妈妈,女生为什么会来月经呢?"

"这……"看来妈妈也不知道怎样回答这个问题!

● 月经是如何形成的？

——女生的身体里住着一个叫子宫的器官。子宫的两侧各有一个卵巢，由输卵管连接。两边的卵巢内产生卵子，通常情况下每个月交替排出一颗，通过输卵管进入子宫。

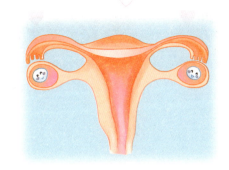

——子宫内壁会堆积一层厚厚的营养物质，血管内的血液也会更加丰富，为可能出现的受精卵做准备。

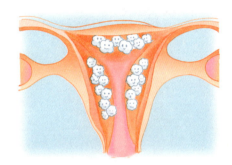

——如果受精卵没有产生，子宫内膜就会破裂、脱落，血管也会因为破裂而流血，这就是月经。

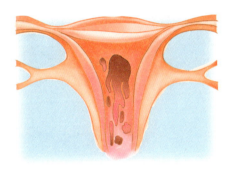

● 为什么男生没有月经？

男生和女生的身体结构不同，他们没有卵巢、子宫，所以是不会来月经的！

痛经好难受啊！

自从来月经后，崔宝拉痛苦极了。因为每个月来月经的第一天，肚子里就像有一只手在用力拉扯肠子，痛得她两腿发麻。

"讨厌的月经，我再也不要来月经啦！"

宝拉在床上翻来覆去，哭天喊地，不但一点用处也没有，反而越来越痛了。

对初来月经的女孩来说，痛经是很正常的现象。如果情况严重的话，痛经会一直持续下去，伴随大半生呢！每个月都要痛一次，做女生可真痛苦啊！

● 为什么会痛经？

☆ 子宫肌肉缺血导致痉挛性收缩

☆ 血液循环不畅

☆ 身体内受到寒湿冷侵袭

☆ 心理压力太大

☆ 吃太多冷饮食品

☆ 经常剧烈运动

☆ 身体太虚弱

● 缓解痛经的好方法

☆ 月经期注意休息，不要做剧烈运动。

☆ 不要提重物。

☆ 保持好心情。

☆ 少吃生冷的食物。

☆ 多吃蔬菜和水果。

☆ 吃一些补血的食物，如动物肝脏、豆类制品。

☆ 热敷下腹让身体暖起来。

月经综合征

"呜！好累啊，感觉什么也不想做。"

这两天不知道怎么了，崔宝拉感觉自己好像干了很重的体力活，总是腰酸背痛累得慌，可实际上她什么也没做呀！

"宝拉，你这个月是不是快来月经了？"陆诗妍猜测道。

"啊！"崔宝拉掰掰手指算了算，尖叫道，"果真就是这两天，诗妍，你也太神了吧！"

陆诗妍得意地扬起头，摆出一副资深专家的派头，说道："崔宝拉，依我的专业判断，你一定是得了月经综合征。"

月经综合征？那是什么？在月经前后，女孩的身体上和精神上会产生一些和平时不太一样的症状，这就是月经综合征。随着月经的结束，这些症状会慢慢消失，但下一个月它又会准时来报到啰！

月经综合征有哪些症状呢？

- 下腹疼痛。
- 出现头疼、腰酸背痛的症状。
- 胸部胀痛。
- 容易疲劳，总犯困。
- 时而躁动不安，时而情绪低落。
- 容易哭闹、发火。
- 没有食欲，或食欲大增。

这些症状看起来很可怕，其实只要我们调整好心态，就能一一得到缓解呀！

> 1. 我们平时要多锻炼身体，做一些有氧运动，如跳绳、跑步等。身体健康了，抵抗力强了，月经期的疼痛感、不适感就会慢慢消失。

> 2. 时常安抚自己，多想一些开心的事情，多去大自然走一走，多和伙伴们谈谈心，让自己保持愉快的心情。

月经期间要小心

"宝拉,你不能碰冷水!"

"宝拉,你不能吃冰淇淋,知道吗?"

"宝拉,卫生巾要勤换!"

"宝拉……"

来月经时,妈妈总是不停地在崔宝拉面前念叨,这也不许,那也不能,崔宝拉都要烦死了。她真想对妈妈说:"妈妈,你别一惊一乍啦,不就来个月经吗?没你说的那么严重!"

和崔宝拉一样,大部分女生都有这样的想法。请注意,这种想法是极其错误的。月经期是一个月中最敏感的时期,如果我们什么也不注意,很容易造成细菌感染,甚至引发后遗症,到那时后悔都来不及啦!

注意啦!

- 月经期间不要吃生冷食物,辛辣食物也要尽量少吃或不吃。
- 尽量每次小便都换一次卫生巾。
- 月经期间尽量不要洗头,如果要洗一定得用热水,而且立马吹干。
- 经期请选择淋浴,不要在浴盆里泡澡。
- 注意休息,尽量早睡。

经期必备品

准备一个月经专用可爱包,在里面装上几个备用卫生巾、一包纸巾、一条备用内裤,保证月经期间没有意外发生!

经期应该怎样穿着?

月经期间尽量不要穿浅色裤子,避免经血渗漏到裤子上时产生明显的印记。

尽量穿宽松、保暖的衣服,因为衣服太紧容易导致痛经,衣服太薄容易造成体寒,同样会引发痛经。

痘痘别找我

清早起床,崔宝拉睡眼蒙眬地走到镜子前,揉了揉眼睛,向镜子里望去……

"啊——"

好可怕的尖叫啊!妈妈闻声赶来,推开宝拉的房门,一脸慌张地问道:"宝拉,发生什么事了?"

崔宝拉缓缓扭过头来,指着自己的左脸,万分忧伤地回答道:"妈妈,我长痘痘了!"

原本光滑无瑕的脸上突然长出几颗难看的痘痘,这的确是一件让人无法忍受的事。要是痘痘们在脸上安了家,那可怎么办?多么可怕啊,从今以后我再也不是粉嫩可爱的小公主了。

千万不要有这种悲观的想法,长痘痘

并不是什么大不了的事,无论是男生还是女生,到了青春期都会长痘痘。只要我们注意卫生和饮食,痘痘一定会乖乖消失的。

● 痘痘大作战

第一回合:饮食

多吃蔬菜和水果,少吃油炸食物、辛辣食物,少喝碳酸饮料。

第二回合:清洁

用温和型泡沫洁面乳洗脸,洁面乳一定要用清水冲洗干净;

擦脸毛巾要经常清洗,防止细菌感染;

如果是白色的小痘痘,可以用棉签轻轻挤压,挤痘痘前将手清洗干净。

第三回合:注意

额头容易长痘的女孩尽量不要留刘海;

洗完头发,脸上不要残留洗发水;

尽量不要擦药膏;

脸上不要涂太多护肤品,小心堵塞毛孔哟!

私处痒痒的

上课时,崔宝拉感觉下面痒痒的,就好像有几百只蚂蚁在爬,这使她坐立不安,根本没办法专心听课。

"宝拉,你怎么了?"一旁的陆诗妍小声问道。

"没……没事!"崔宝拉露出一丝尴尬的微笑,努力使自己保持镇定。

遇到这种事,实在太丢脸了,怎么好意思跟其他人说呢?所以只好自己默默忍受着,等待下课铃响啦!不过,即使下了课,还是会一样难受呀!

如果遇到这种情况,那是身体在向我们发出警告——私处已经囤积了太多细菌,它们正在侵害我们的身体,赶快做好清洁工作吧!

私处怎么会痒痒的？

● 1. 白带异常

内裤上沾了许多白色的黏状物，并发出臭臭的气味，阴部有瘙痒的感觉。

这时，我们应该及时请教妈妈，如果情况不严重，只要做好清洁就行，情况严重的话就要进行治疗，避免引发其他病症。

● 2. 内裤不干净

内裤上残留了很多细菌，引起阴部瘙痒。

· 每天都要更换内裤。

· 内裤和其他衣物分开洗。

· 内裤一定要晒干才能穿。

· 每次小便后要擦拭。

· 睡觉前冲洗私处。

身体像动物一样长毛了

有一天洗澡时,崔宝拉突然发现小便的地方周围长出一些又细又软的绒毛,当时她并没有太在意。

时间一天天过去,这些毛一点点变多,一点点变长,一点点变粗……

又过了一段时间,她的腋下也长出一些毛来。

崔宝拉的神经又开始紧张起来:"天啊!我该不会变成黑猩猩那样,浑身长满难看的毛吧!"

纠结了好一阵子，她终于鼓起勇气，将这件"可怕"的事告诉了最好的朋友陆诗妍。

男生和女生都会长体毛，不过男生的脸、胸口、手臂、腿上的毛会比女生的更长更浓密。大部分女孩只有腋毛和阴毛比较明显。

女生也长胡子吗？

有些女生进入青春期后，嘴巴周围也会长出一圈淡淡的绒毛，看起来就像男生的胡须，难道女生也长胡子吗？当然不是。女生进入青春期时，雌性激素分泌不足，雄性激素含量就会上升，嘴巴周围就会长出细密的汗毛，有时候手臂上、腿上也会长出汗毛。等过了青春期，它们就会停止生长。因此，只要不是太浓密，我们完全没有必要担心。

我会不会成秃头？

早上梳头时，崔宝拉发现梳子上残留了好几根头发，她没太在意；中午洗头时，手指穿过头发往下一拉，竟然有一大把头发被手指带了下来。

"天啊！我的头发……"

崔宝拉的脑海里突然浮现出韩剧中女主角得绝症的样子，她们的头发也是这样一点一点脱落，最后就死了……

"我……我不会也得了绝症吧？"

自从有了这个想法，崔宝拉觉得周围的世界灰蒙蒙一片，身体也越来越没劲儿，好像真的生病了一样。于是，她给最好的朋友陆诗妍写了一封"遗书"。

亲爱的诗妍：

最近我的头发掉得越来越厉害，我想我可能得了什么不治之症。我不想让爸爸妈妈难过，所以我只将这件事告诉你。在我离开之后，请你帮我完成一个小小的心愿……

你最好的朋友宝拉

诗妍的答复：

宝拉，现在是秋天，脱发是很正常的事，根本不是因为得了不治之症。那些得绝症的人也是因为做了化疗才会脱发，而你的掉发跟这些没有任何关系。所以，你的心愿还是让我们一起完成吧！

每根头发都有一定的寿命，头发"死亡"后就会自然脱落。而每个人的头皮上有十几万个毛囊，每人一天掉几十根头发是很正常的事情。

夏末秋初时，许多毛发进入了休整期，就会像秋叶一样纷纷掉落，这也是很正常的事，我们不必为此担忧。

声音变粗了

过不了多久，我的嗓子也会像冰姐姐一样，变成难听的鸭嗓子，太可怕了！

星期天，崔宝拉起得特别早，因为一年多没见的表姐要来家里玩。表姐名叫杜冰，只比崔宝拉大一岁，声音特别好听，唱起歌来就像百灵鸟一样清脆。

当崔宝拉见到表姐杜冰时，她吓了一大跳，不过一年多没见，表姐就像变了个人似的，脸上婴儿肥消失了，腿和胳膊变得又长又细，简直就像漫画里的美少女。不过，表姐一开口，崔宝拉更是大吃一惊。

"表姐，你感冒了吗？声音怎么变了？"

杜冰原来那清脆动听的声音竟然消失了，换来的是沙哑低沉的嗓音。

这时，崔宝拉的妈妈走过来，笑着说："宝拉同学，别大惊小怪啦，你表姐现在正是变声期呢！"

崔宝拉只听说过换牙期，却不知道还有变声期这一说。不过，不管怎样，她特别替表姐可惜，表姐以前的声音多好听啊，怎么说变就变了呢？

不管是男生，还是女生，每个人都要经历变声期，这一时期我们的嗓音会发生巨大的变化，不过等过了这段时期，声音就会恢复正常，变成接近大人的声音。

★ **为了不让嗓子变坏，在变声期我们一定要注意保护嗓子呀！**

☆ 不要大声吼叫。

☆ 不唱音太高的歌曲。

☆ 少吃辛辣、酸苦等带刺激性的食物。

☆ 多吃含蛋白质的食物，如猪蹄、鱼、豆类等。

☆ 注意休息，保证充足睡眠。

☆ 多喝水。

饭量突然增大了

这天,崔宝拉对陆诗妍说:"我这一阵老是容易饿,吃饭吃得特别多,真怕这样下去我会变成大胖子呢!"

"啊!"陆诗妍先是大吃一惊,然后连连点头道,"我也是呢!"

为什么两人同时食欲大增呢?真是太奇怪了。为了弄清楚事情的真相,她们一起找到了医务室的小周老师,要知道小周老师可是学校的神医呢,没有什么疑难杂症是她不知道的。

听完两个小姑娘的困扰,小周老师笑着说道:"你们正是长身体的时候,不多吃点,营养怎么供应得上呢?只有吃得健康,再加上适当运动,你们的身体才会长得高高的呀!"

听了小周老师的话,两人这才放下心来。

进入青春期,身体处于快速生长期,需要大量营养供给,所以特别容易有饥饿感,于是食欲大增。这时候,我们只要按照身体给出的信号,适当增加食量就好啦!

● **千万不要为了减肥而过度控制食欲呀!**

可怕的后果

- 身体常常感觉很累。
- 记忆力下降。
- 可能导致闭经或月经量稀少。
- 皮肤变得暗黄粗糙。
- 发育不良。

● **但是,肆无忌惮地暴饮暴食也不行呀!**

- 少吃容易导致肥胖的油炸食品、高热量食品、碳酸饮料等。
- 不要一边看电视一边吃零食。
- 吃饭吃到七分饱,尽量少食多餐。
- 一定要吃早餐,晚餐可以适当少吃。

讨厌的赘肉

夏天到来了，崔宝拉和陆诗妍报了游泳班，一起学游泳。

这天，两人一起来到专卖店买游泳衣。崔宝拉一眼就看中了挂在门口的一套分体式粉色游泳衣，她赶紧拿到试衣间试起来。

陆诗妍在外面刚等一会儿，试衣间里突然传来尖叫声，她赶紧跑过去一看，只见崔宝拉正用双手捏着肚子上的赘肉，一副世界末日般的表情。

"宝拉，"陆诗妍站在门口小心翼翼地说，"我们还是换一条连体游泳衣吧！"

"连体游泳衣好难看啊，穿起来就像一条大泥鳅……"崔宝

你一点也不像大泥鳅，更像可爱的海豚宝宝呢！

拉一边抱怨，一边跺脚，肚子上的肉肉也跟着不停地抖动起来。

因为有了讨厌的赘肉，游泳不能穿可爱的分体式游泳衣，夏天没法穿漂亮的连衣裙，这大概是所有爱美女孩最痛苦的事吧！

我们之所以觉得痛苦，大多是因为害怕被人嘲笑。如果我们能摆正心态，不去在意别人的想法，就会慢慢接纳有点儿胖胖的自己啦！我们现在正值长身体的时候，身上肉肉的是很正常的事，随着年龄的增长，身体一天天长高，这些肉肉都有可能慢慢消失呢！

保持健康的肉感：

· 少吃零食多吃饭。

· 水果蔬菜不间断。

· 多多运动身体棒。

· 放松心情没烦恼。

其实只要身体健康，有点儿赘肉根本不算什么。并不只有苗条的女孩才受欢迎，肉嘟嘟的女孩也很可爱，也被人疼哟！

我怎么这么矮

当崔宝拉和表姐杜冰站在一起时,她不自在极了,因为表姐整整比她高出了一个头。

"前年,我还和她一样高呢!这才多久,差距怎么就这么大了呢?难道是我越长越矮了?"

崔宝拉来到学校,和陆诗妍比了比,更加沮丧了。

"就连比我小半岁的陆诗妍都比我高半个头呢!我也太矮了吧!"

自从把自己定义为小矮人后,崔宝拉明显感觉自己在一点点缩小,她甚至感觉别人在和她说话时,都摆出一副高高在上往下俯视的样子。

"再这样下去,我一定会变

成可怜的拇指姑娘吧！"

曾经和自己一样高的人正"噌噌"往上长，自己却还像木桩一样，永远保持原来的高度，这多让人慌张啊！可是，事情真有那么严重吗？我们真的已经停止生长了吗？当然不是，只是坏的情绪影响了我们的判断，让我们误以为自己没有长高。其实，我们只要拿出几年前的衣服和裤子，站在镜子前比一比，就会有惊喜的发现。

不是衣服变小了，而是你长高了啦！

哇！我的衣服怎么变小了？

每个人的体质不一样，进入青春期的时间不一样，长高的速度自然也不一样。一般情况下，女孩要到十八岁才会停止生长。所以，在这之前，我们完全没有必要担心自己会长不高。如果我们多运动，保持健康饮食，说不定哪天也能赶上现在比自己高的人呢！

我有点儿驼背

学校要挑选参加舞蹈班的学生，从小就立志成为舞蹈演员的崔宝拉立刻报了名。可是，当她自信满满地站在舞蹈老师面前时，却被老师无情地否定了。

"老师，难道是因为我太矮吗？"崔宝拉一脸不服气地问。

"这个……"老师露出十分为难的表情，回答道，"你有点儿驼背，这不符合我们挑选舞蹈生的标准。"

老师的话如同当头一棒，让崔宝拉绝望至极。她似乎听到梦想在心里"砰"的一声破裂了。

如果我不趴在课桌上写作业，如果我不弓着腰走路，我就不会驼背啦！如果我没有驼背，就能进舞蹈班啦……

与其花时间去后悔，还不如想想如何补救呢！现在这样的年龄，脊椎还没有完全定型，只要花一定的时间来矫正，有点儿弯曲的背一定能直起来。到那时，再去报舞蹈班也为时不晚。

● 让背直起来吧！

1. 背部紧贴墙壁站立，每天坚持20分钟。

2. 请每天见面的朋友提醒自己，监督自己。

3. 睡觉时不要枕太高的枕头。

4. 让我们来学一套矫正操吧！

·扩胸运动

·手扶墙压胸练习

·背手挺胸练习

·持棍绕肩练习

睡觉竟然磨牙流口水

表姐杜冰要在崔宝拉家住一晚，自然就和崔宝拉睡一张床。

第二天早上吃早饭时，崔宝拉的妈妈问道："冰冰，昨天睡得好吗？"

"还好吧！就是……"杜冰略有些为难地回答道，"就是睡觉时宝拉一直在磨牙，所以……"

还没等杜冰说完，崔宝拉立即拍着桌子大叫道："你胡说，我哪有，你这是污蔑……"

"你自己当然不知道啦，我可是听得清清楚楚的。你要是不信，可以去看看你的枕头，保证有昨晚磨牙后留下的口水印记。"

崔宝拉十分不服气，气冲冲地跑到房间里，往自己的枕头上一看，上面果真有一小块淡淡的口水印呢。

真是丢死人了，从小就大嘴巴的表姐一定会拿这件事到处宣传，到那时，崔宝拉在亲戚们心中的淑女形象可就全毁了！想到这里，崔宝拉不由得打了个寒战。

对一个从小立志成为淑女的女孩来说，睡觉磨牙流口水就跟打呼噜一样，是一件特别可怕的事情。假如这样的事传到别人的耳朵里，成为别人笑话的对象，更让人感到难堪。人为什么睡觉会磨牙呢？睡觉的时候身不由己，又如何控制磨牙呢？对于每一个期待完美的女生来说，这都是巨大的困扰啊！

- 寄生虫在肠子里放出毒素，使神经兴奋，导致磨牙。
- 挑食引起钙、维生素等多种营养元素缺乏，从而引发咀嚼肌不停地收缩。
- 睡觉前太过兴奋，导致大脑无法休息，诱发咀嚼肌运动。
- 处在换牙期，上下牙齿常在夜间练习磨合。

牙齿，牙齿，别再打架了！

1. 睡觉前不要太兴奋，平静地入睡。
2. 多吃蔬菜等维生素丰富的食物。
3. 睡觉前一定要刷牙。
4. 注意补钙。
5. 记得定期驱虫。

出汗后身体臭臭的

崔宝拉特别喜欢打羽毛球。可是，有一次她打完球后，经过她身边的安浩突然捂着鼻子说："好臭！崔宝拉，你是不是有狐臭啊！"

崔宝拉第一次被男生这样说，她觉得好难堪，顿时泪水就在眼眶里打转。

从那以后，崔宝拉再也没打过羽毛球，就连体育课她也不敢做剧烈运动了，生怕身体会因为出汗散发难闻的气味，被大家嘲笑。

运动后，身体会出汗，身体里的许多毒素随着汗液排出来，身体自然就会发出异味，这根本不是狐臭，我们可不要把它们混为一谈。

许多男生在做完运动后，身体也会散发出臭臭的气味，但他们可从来不会为此感到尴尬。对男生们来说，这是力量和健康的味道。那么对女生来说，身上有一点汗味又有什么好害羞的呢？

只要我们身体健康，注意个人卫生，别人的闲言碎语完全没有必要理会！

★ 千万别这么做！

1. 我再也不做运动了。

逃避问题根本不可能解决问题。

2. 我要用香水掩盖身上难闻的气味。

这只会让你的身体产生另一种难闻的味道。

不放弃运动，又能让身体保持清新的好方法：

1. 每天勤洗澡、勤换衣。

2. 做完运动后及时擦拭身体。

3. 每天多喝水，多吃蔬菜，减少身体毒素。

4. 保持好心态，自然无烦恼。

腿上的小疙瘩

夏季到来了，学校为同学们准备了夏季校服，男生们穿上了清爽的短衣短裤，女生们穿上了清新的齐膝短裙。

"咦？柳莹怎么还穿着长裤呢？"

大家全都把视线转移到崔宝拉他们班的柳莹身上，大热天，她竟然还穿着秋季校服呢，包裹着长衣长裤的她简直成了学校一道独特的风景线。

"柳莹，你为什么不穿夏季校服呢？"

刘老师单独将柳莹叫到办公室。在刘老师耐心的询问下，她

作为女生我也很爱美，也很喜欢穿裙子。可是，自从十岁以后，我的腿上开始出现一些小红疙瘩，渐渐地，两条腿都长满了，非常难看。我害怕同学们会嘲笑我，所以不敢穿裙子。

在老师的心目中，你一直是一个可爱的女生。每个人都有缺陷，如果我们能看淡自己的缺陷，多多注意自己的优势，别人的目光也就会更多放在我们的优势上啦！相信老师，如果你愿意穿上美丽的裙子，并露出自信的笑容，别人注意的一定不是你腿上的小红疙瘩，而是你美丽的笑容。

终于道出了自己的苦衷。

腿上或手上有小红疙瘩，这是一种俗称"鸡皮肤"的皮肤病症，一般是遗传引起的，它不痛不痒，如果我们不去注意它，根本不会影响到我们的生活。

没有人是完美的，只要充满自信，保持一颗乐观向上的心，一点点小缺陷对我们来说又算得了什么呢？

女生长相排行榜

有一天,一张名为"女生长相排行榜"的名单在班上流传开来。全班24名女生无一幸免,从第一名一直排到最后一名。

这天,名单传到了崔宝拉手上,当她看到自己的名字排在名单的后面时,她气得哇哇大哭起来。

一旁的周曼看见了,赶紧安慰她:"宝拉,你别在意,这不过是男生们无聊的恶作剧罢了。"

崔宝拉擦了擦眼泪,再看看手上的名单,周曼的名次比她还靠后呢!伤心之余,她忍不住小心翼翼地问道:"周曼,你的名次比我……你没事吗?"

没想到周曼爽朗地笑了笑,摆摆手说:"这有什么,我虽然不漂亮,但我还有很多其他的优点。而且我妈说了,女大十八变,小时候长得不好看的女孩,

周曼说的有道理,像我这种有潜质的女生,现在虽然长得不好看,但长大了一定能变漂亮!

长大了也能变漂亮!"周曼说着,调皮地眨了眨眼睛。

听了这番话,崔宝拉看着眼前长相平平的周曼,瞬间觉得她的身上散发出一种独特的魅力,让人无法将视线从她的身上挪开。

漂亮女生修炼法则:
1. 拥有超级无敌自信心。
2. 热爱生活,充满活力。
3. 懂得用学识和特长充实自己。
4. 懂得用优秀品格武装自己。

后续……

这天,崔宝拉回到家里,她站在镜子前第一次认真地看自己:小眼睛、大鼻子、肥嘟嘟的脸庞。她绝对不是男生们眼中那种漂亮女生,可当她微微一笑,露出两颗小虎牙时,瞬间觉得自己也挺可爱!

我不敢张嘴笑

秦佳慧微笑时，只是轻轻地抿一下嘴巴。

秦佳慧开怀大笑时，会用一只手捧住嘴巴。

秦佳慧笑到得意忘形露出牙齿时，会突然反应过来，用双手捂住嘴巴，一脸惊慌的样子。

语文课上，当齐老师讲到"中国古代的女子，通常笑不露齿……"同学们齐刷刷地望向秦佳慧，好像她就是齐老师口中的"古代女子"。

秦佳慧为什么笑不露齿？并不是因为她像古代女子一样传统害羞，而是她有两排非常不整齐的牙齿。每次她一张口，那两排牙齿特别显眼，有人因此给她取了个外号——稻谷收割机。秦佳慧一点儿也不喜欢这个外号，所以她下定决心，以后再也不要露出牙齿。

只是将牙齿藏起来，就能堵住别人的嘴吗？当然不能，这只会加重他人的好奇心，让他们更想窥探被藏住的秘密。这样一来，只会让自己更困扰。与其提心吊胆，时刻担心牙齿会暴露出来，还不如坦然接受自己的缺陷，不必在意别人的目光，随爱笑的人去笑，做最自在的自我。

即使没有整齐牙齿，我也可以这样做：
- 露出真诚、可爱的微笑。
- 每天早晚清洁牙齿，保持牙齿洁净透白。

龅牙女星的故事

凯斯·黛莉从小就喜爱唱歌，她的梦想是成为一位有名的歌手。可是，她有一个致命伤，她只要一张口就会露出难看的龅牙。黛莉也为此伤心沮丧过，但后来她告诫自己："龅牙不是罪过，忘记它就能获得好运。"最终，她战胜了自卑，用美妙的歌声征服了观众，成了一位极具个性的顶尖的歌星。

戴上眼镜的那一刻

最近，崔宝拉发觉自己的视力越来越差，她不得不对妈妈说："妈妈，我需要一副眼镜。"

几天后，崔宝拉如愿拥有了一副眼镜。当她站在镜子前，将眼镜架在鼻梁上时，瞬间感到一阵绝望。

"天哪，我那炯炯有神的眼睛不见了。"

自从戴上了眼镜，崔宝拉觉得大家对她的态度全变了，女生们没那么亲近她了，男生们没那么仰慕她了，就连老师们也没那么喜欢她了……

难道真如崔宝拉感觉到的那样，因为她戴上了眼镜，大家便不再像以前那样喜爱她了吗？当然不是这样啦，其实这只是崔宝拉的错觉。因为害怕被人讨厌，

> 难道这就是眼镜魔咒吗？我再也不是以前那个人见人爱的崔宝拉了。

所以眼睛里只能看到别人的冷漠,自然就以为被冷落了。如果她不那么敏感,多看到别人的笑脸,自然就能找回自信和存在感。

想要重拾自信,除了摆正心态外,挑选一副适合自己的眼镜也是非常重要的哦!根据自己的脸型搭配适合的眼镜,不仅不会遮住美丽,还能扬长避短,让自己更加有气质呢!

方脸:适合圆形镜框的眼镜。

圆脸:适合细长形或梨形镜框的眼镜。

长脸:配带有棱角近似方形的镜架,镜圈的高度可高一些。

瓜子脸:适合细边框和垂直线镜架的眼镜。

奇怪的小动作

每个人都有自己独特的小动作。在某种特定的情况下，我们会习惯性地做这些小动作。那些小动作有时候让你看起来有些奇怪，甚至你自己也常常这样问自己："我难道是奇怪的异类吗？"但实际上，小动作中折射出你特别的性格，表露着有趣的秘密呢！

你知道这些小动作里藏着怎样的秘密吗？让我们通过这些小动作来认识另一个自己吧！

那些令人尴尬的事儿

上课时，崔宝拉突然觉得肚子很不舒服，一直咕噜咕噜叫不停。当老师叫同学们做练习题时，崔宝拉弯下腰去拿课桌里的练习本，瞬间感觉一股强大的气流从身体里往外冲，她根本来不及阻止，这股气流就伴随着一串婉转的"笛声"突围出来……

由于当时教室里实在太安静了，这串声音显得特别响亮。教室里沉寂了两秒钟，瞬间爆发出震耳欲聋的哄笑声。

"刚刚是谁在放屁？"

同学们躁动起来，到处张望，寻找声音的来源。

这时，坐在崔宝拉身后的周笛一手捂着鼻子，一手指向前面，大声喊道："是她，崔宝拉！"

崔宝拉瞬间感觉无数箭一般的目光向自己射过来，此时她多想面前出现一道任意门（动画片《哆啦A梦》里的道具，有了它，去哪儿都可以），赶快逃离现场啊！

可怕的突发状况，

真是让人手足无措,倍感尴尬。特别是对爱美而敏感的女生来说,突然发生破坏形象的尴尬事件,简直是致命的打击。可是,生活中总会出现这样那样的状况,我们不可能永远保持完美无瑕。一旦出现无法预料的突发状况,懊恼和崩溃是没有用的,只有冷静地对待和处理才是最好的出路。

第2章

这就是成长的烦恼

最近比较烦

"你能别烦我吗？"

最近，崔宝拉总是把这句话挂在嘴边，这句话简直成了她的口头禅。她除了不敢对老师这样说，身边其他人全成了她发牢骚的对象。

有一次，当崔宝拉又说出这句话时，陆诗妍得出了这样的结论："崔宝拉，你一定是进入更年期了。"

崔宝拉才11岁，怎么可能进入更年期呢！不过，她的确进入了另一段特殊时期——青春期。青春期的女孩正由小孩向大人过渡，无论是身体还是心理都处于非常敏感的时期，自然烦恼会多一些。

青春期的烦恼

- 总有种自己越长越难看的错觉。
- 总觉得自己的缺点越变越多。
- 讨厌有人在耳边碎碎念。
- 总觉得身边的人越来越不喜欢自己。
- 发现自己的心思变得越来越复杂。
- 总觉得自己是与众不同的另类。

1. 接纳自己青春期的生理变化,正确地认识自己。

2. 敞开自己的心扉,向亲近的人倾诉自己的心思。

3. 多读一些有益身心健康的书籍,多做一些自己喜欢的事情。

4. 多参加公益活动、社会实践活动,让自己融入集体中。

我有个男孩子的名字

班上转来一个可爱的女生,可是她一开口却让大家大跌眼镜:

"大家好,我叫刘勇……"

下课后,这个转学生引发了大家激烈的讨论:

"怎么会有女生叫刘勇呢?"

"她说不定是长得像女生的男生呢。"

"不对,我想她爸爸一定想要个男孩……"

听到同学们的议论,那个叫刘勇的同学只好默默地低下了头。崔宝拉富有同情心地看了看她,无奈地摇了摇头说:

"真可怜,一个女生竟然叫

这样的名字。"

作为女生，拥有一个男孩子的名字，会让人觉得很奇怪，从而常常引发旁人的议论，这多么让人苦恼！

可是换个角度想一想，拥有一个奇特的名字，能吸引更多关注的目光，如果我们能将这些关注转化成人气，那么名字不但不会成为障碍，还能成为我们的幸运符呢！

拥有男孩名的三大好处：

1. 总能让别人在第一时间记住你。

2. 别人会因为名字而更加关注你，更想认识你。

3. 别人很容易认为你是一个像男孩一样勇敢大度的女生。

相信爸爸妈妈在为我们取这样的名字时，是希望我们像男孩一样勇敢坚强，做任何事都不会输给男孩。因此，不要再为男孩名而苦恼，让它成为我们成长道路上积极向上的标志吧！

如果我是男生……

如果我是男生，我就可以剪一个帅气的短发，不用每天早上为梳什么发型而发愁。

如果我是男生，我就能在大街上嘻嘻哈哈，不用在意别人的眼光。

如果我是男生，我就能玩泥巴、打弹珠，不用担心会弄脏衣服。

如果我是男生，我就可以和哥们儿一起打球，直到大汗淋漓也没人管……

崔宝拉发呆的时候，常常这样想。从小到大，她特别羡慕比她大两岁的堂哥崔轩齐，总觉得他每天自由自在，什么都可以做，而自己却总是被爸爸妈妈管得很严，这也不许那也不行。

记得小时候，崔宝拉常常问爸爸："为什么堂哥可以，我却不可以？"

爸爸总会刮一刮宝拉翘起的小嘴，笑着说："因为你是女孩，女孩怎么能像男孩一样调皮呢？"

于是，崔宝拉常常发出这样的感慨："呜呜，为什么我不是男生呢？"

如果能变成男生，确实是一件特别酷的事情。不过，千万别以为当男生就没有苦恼！男生不能穿漂亮的裙子，不能在房间里摆满各种可爱的娃娃；男生常被人误会成调皮捣蛋的对象，常被当作体力活的最佳人选……

不管是男生还是女生，都拥有各自的优势，也有不同的烦恼。因此，我们只要健康快乐地成长，是男生还是女生又有什么关系呢？

我是女生，我快乐！
- 脸上的笑容像花儿一样灿烂。
- 拥有一颗善良友爱的心。
- 乐观积极向上地过好每一天。
- 像男生一样坚强勇敢。

我好羡慕她

好羡慕她可以穿名牌衣服，我却只能穿便宜的衣服；

好羡慕她可以自己选择兴趣班，我却只能听从爸爸的安排；

好羡慕她拥有一大堆好朋友，我却找不到一个知心朋友；

……

自卑往往是从羡慕开始的。如果我们总是将目光停留在别人身上，羡慕别人拥有的，那么渐渐地，我们就会认为自己拥有的越来越少，发现自己越来越不如别人，从而变得越来越自卑。

好羡慕这个小姑娘呀，可以在围墙的外面自由自在……

好羡慕它们呀，每天吃喝玩乐，不用做作业，也不用老被人唠叨……

其实，我们忽略了一点，我们在羡慕别人的同时，说不定也正被别人羡慕着呢！当你羡慕别的同学家境富裕时，或许她正羡慕你拥有一个简单却温馨的家庭；当你羡慕别的同学自由自在没人管时，说不定她正羡慕你有人关心有人疼……

<u>每个人的生活都不可能十全十美，有光鲜的一面，也有不如意的一面。如果我们总是羡慕别人的光鲜，经常看自己的不如意，自然快乐不起来。但如果我们懂得满足，善于发现生活中美的一面，善于关注别人羡慕我们的那一面，就能找到属于自己的快乐。</u>

格言一角：

- 🔴 羡慕别人，不会给自己增加任何好处，也不可能减少别人任何成就。
- 🟢 不要去羡慕别人所拥有的幸福，你以为你没有的，可能正在奔向你的路上。
- 🔵 与其羡慕别人，不如加快自己的脚步。

妈妈偷看我的日记

一天放学后,崔宝拉饿得肚子咕咕叫,便一路飞奔回家。打开门一看,客厅和厨房的灯都亮着,却没看见妈妈的身影。她径直朝里屋走去,发现自己房间的门敞开着。她轻轻走到门口,往里面望去,发现妈妈正背对着她站在书桌旁,手中捧着一本蓝色的笔记本。

"那不是我的日记吗?"

崔宝拉大吃一惊,赶紧冲过去,一把夺过妈妈手中的日记本,大叫道:"妈妈,你怎么能看我日记呢?"

妈妈也被崔宝拉吓了一大跳,抚了抚胸口,理所当然地回答道:"你是我女儿,你的日记我怎么不能看啦?"

"这是我的隐私,你不能侵犯我的隐私!"

"还隐私呢!你在我这儿没隐私,知道吗?"

……

几个回合下来,崔宝拉败下阵来。她虽然句句在理,可是在妈妈这儿,全都不管用了。她苦恼极了,心想:难道就这样任由妈妈"无理取闹"吗?

● **伙伴们帮忙想对策：**

安浩——和妈妈大吵一架，让她知道，我们虽然小，但绝不是好欺负的。

小周老师——这样做恐怕只会适得其反，不但得不到妈妈的理解，反而会激化双方的矛盾，让事情越来越难以收拾。

柳莹——既然不能当面对抗，那就采用冷战、绝食的方式，表示抗议。

小周老师——这么做不但对自己没一点儿好处，还让大人觉得我们在无理取闹，其结果可想而知。

陆诗妍——我们应该像和好朋友聊天一样，心平气和地与妈妈沟通，让妈妈知道我们的想法，理解和体谅我们。

小周老师——每一个妈妈都是出于关心和爱护，才会翻看孩子的日记。如果我们能将妈妈当成知心朋友，尝试着和妈妈谈谈心，让她了解我们的心思，她自然就不需要再翻看我们的日记。

进我的房间请敲门

崔宝拉正换衣服呢，爸爸突然打开了她的房门；

崔宝拉做作业累了，想要听一会儿歌，突然听到拧门把手的声音；

崔宝拉穿着睡衣，顶着一头乱发，正抠着脚趾，妈妈突然带着一帮陌生人闯了进来；

……

崔宝拉觉得她的生活就像一场谍战电影，随时都得提防爸爸妈妈破门而入。终于有一天，她实在忍受不了了，就将房门扎扎实实地反锁了。

和崔宝拉一样，大部分女生也有这样的烦恼：大人进我的房间为什么不能先敲门呢？每次都会被爸爸妈妈突如其来的造访吓一跳，那属于我们的小小空间莫名其妙地变成了公众场所，真让人心烦。

这一点让人无法理解，爸爸妈妈总是教育我们：不管进别人家，还是进老师的办公室，进门前一定要先敲门。可是为什么轮到他们自己，却做不到呢？

渐渐长大的我们，有了许多属于自己的小心思，更需要一个属于自己的小空间，房间就成了我们的秘密基地。可是，在爸爸妈妈看来，我们仍然还是小孩子，还像小时候一样什么也不懂，他们还要随时随地地看护我们，没有注意到我们已经有了属于自己的隐私。

如果我们能了解爸爸妈妈的心思，同时也让爸爸妈妈了解我们的心思，一切问题就能迎刃而解了。

- ● 心平气和地说出自己的苦恼，得到爸爸妈妈的体谅。
- ● 在门上挂一个可爱的提示牌，提醒爸爸妈妈什么时候方便进入，什么时候最好不要打扰。
- ● 如果不方便开口，可以采用写信的方式和爸爸妈妈沟通。

怎么样，比起将门反锁，这些方法是不是更管用？

没人在意我的想法

端午节快到了,崔宝拉的爸爸妈妈正在商量买些什么去看爷爷。

妈妈说:"明天我去超市买两袋粽子吧!"

爸爸说:"每年都是粽子,太没新意了,我看还是买点别的吧!"

这时,崔宝拉灵机一动,跳到爸爸妈妈中间,大声说道:"不如送爷爷一台按摩椅吧!陆诗妍家就……"

没等崔宝拉说完,妈妈竟然直接跳过她,对着爸爸问道:

"端午节不送粽子送什么？"

爸爸也没理崔宝拉，回答道："你拿主意吧，我负责买单。"

就这样，崔宝拉被爸爸妈妈无情地忽略了，只好一脸受伤地回到了自己的房间。

为什么爸爸妈妈不听我说话呢？为什么我的意见总是被忽略呢？难道因为我是小孩，就没有发言权吗？

我们常常面对这样的问题，在爸爸妈妈的眼中，我们永远是长不大的孩子，所以想法总是幼稚的，没有任何可以参考的价值。如果爸爸妈妈总这样认为，那我们在家庭中就永远没有发言权，永远无法表达自己的想法。因此，我们必须让爸爸妈妈听到我们的声音。

● **如何让自己拥有发言权？**

·努力让自己变得更优秀，让爸爸妈妈认可我们的能力。

·告别幼稚和任性，让爸爸妈妈见证我们的成长。

·挥别无理取闹和霸道主义。

·发表自己的意见之前，先认真听爸爸妈妈说完话。

·说出自己观点的同时，要有理有据地阐明理由和想法。

讨厌爷爷的胡子

爷爷的胡子好讨厌呐！上面不知道沾了多少口水和细菌，快离我远点儿。

端午节这天，崔宝拉跟爸爸妈妈一起去看望爷爷。

汽车行驶到爷爷家所在的小区，崔宝拉远远地就看见爷爷站在门口朝这边张望呢！车停了，崔宝拉第一个跳下车，跑到爷爷身边，亲切地叫道："爷爷，我好想你呀！"

"我的小宝贝，爷爷也好想你呀！"

爷爷一边说着，一边激动地将宝拉拥进怀里，不停地亲吻她那粉嘟嘟的脸颊。崔宝拉被爷爷那硬硬的胡须扎得又痛又痒，只好赶紧从他的怀里挣脱出来。

接下来的一天，爷爷只要一逮着机会，就将崔宝拉抱在怀里，亲个不停。而崔宝拉呢？她实在难以忍受爷爷的胡子，真想赶快回家。

当我们很小的时候，常常坐在爷爷的膝盖上，听他讲那些奇妙的故事，他的胡须偶尔蹭到我们脸上，让小小的我们快活不已。可是，随着年龄的增长，我们越来越讨厌爷爷的胡须，再也无法接受那些爱的亲吻。究竟是爷爷的胡子变了，还是我们变了呢？

爷爷还像以前一样爱我们，我们却再也不像很小的时候那样，没有一丝顾虑地亲近爷爷了。难道我们渐渐长大了，爷爷渐渐老了，我们对爷爷的爱就要一点一点减少吗？不，想想爷爷对我们的宠爱，想想爷爷为我们的付出，我们怎么能这么做呢？

像小时候那样爱爷爷奶奶吧！

- 经常看望他们。
- 经常用拥抱和亲吻来表达对他们的爱。
- 经常和他们聊聊天。
- 经常帮他们做一些力所能及的事。

我的理想很荒唐吗?

"我的理想是,成为一名像杨丽萍阿姨那样的舞蹈家。"

当崔宝拉将这个理想说给坐在沙发上的爸爸听时,爸爸一边看报,一边头也不抬地回答道:"还舞蹈家呢!你还是安安心心准备这次考试吧!"

"妈妈,我将来要当一名舞蹈家!"

崔宝拉又来到厨房,将自己的理想说给正在做饭的妈妈听。妈妈一边忙着炒菜,一边对崔宝拉说:"未来的舞蹈家,帮我到冰箱里拿几个鸡蛋过来!"

"看来,爸爸妈妈对我的理想不屑一顾啊!"崔宝拉这样想着,心里难受极了。

拥有一个伟大的理想,却得不到家人的认可和支持,的确是一件特别沮丧的事。有时候，理想在我们看来是神圣的事，在爸爸妈妈眼中却成了荒唐的事。他们常常用自己的经验告诉我们，梦想虽然很美好，但却遥不可及。

可是，没有理想，生活中就少了很多色彩，我们就会失去前进的方向，理想如同我们成长道路上的一盏明灯，让我们更加清楚自己要走的路。因此，我们要大声告诉爸爸妈妈，世界上没有荒唐的梦想，只有不够努力的人。

想要梦想被认可，我们就必须做到：

· 不要只是随口说说，而要为了远大的理想制定切实可行的小目标。

· 制定了目标，就要努力去实现。

· 坚定自己的理想，不要随随便便更换理想。

妈妈的唠叨

"宝贝,要写完作业才能出去玩!"

"宝贝,吃饭的时候不要看电视!"

"宝贝,你的书包都收拾好了吗?千万不要遗漏了什么!"

……

每天,妈妈都会在崔宝拉耳边不停地重复这些话,以至于只要妈妈一开口,崔宝拉就知道她要说什么。

以前,崔宝拉听到妈妈重复同样的话,还会耐心地答应道:"好的,妈妈!"

可是现在,妈妈还没来得及开口,崔宝拉就会叫嚷道:"妈妈,您烦不烦呀!别再唠叨啦,您都说一百遍了,我的耳朵都

要长茧子了。"

女孩到了青春期，心思越来越多，性格也越来越逆反，就会出现崔宝拉这样的状况，将妈妈的叮嘱当成唠叨，多听一句都觉得很烦。

可是，我们有没有想过，当妈妈为我们操劳一天，却得到"您烦不烦"这样的回应时，她该多么伤心啊！

想想小时候，妈妈不厌其烦地教我们说话、走路、认字。如果没有妈妈当初的"不厌其烦"，又怎会有今天的我们呢？因此，不要小看妈妈的"唠叨"哟！没有妈妈的"唠叨"，就没有健康成长的我们。

不能对妈妈说的话：

——您烦不烦！

——您能别再唠叨了吗？

——刚刚您已经说过一遍了。

想一想，别人对我们说这些话时，我们是不是也会心里不好受呢？因此，类似这样的话，我们以后不要对妈妈说。

不想去爸妈安排的辅导班

"宝拉，星期六来我家玩吧！"

星期五放学的路上，陆诗妍向崔宝拉发出了邀请。

崔宝拉皱着眉头，一脸无奈地回答道："我也很想去，可是，我爸为我报了个英语辅导班，明天得去上课。"

"唉！明天好几个同学都会来呢！你不来真是太可惜了。"

比起去英语辅导班，崔宝拉当然更想参加同学的聚会，可是父命难违，又有什么办法呢？不过，要是抱着"不情不愿"的心态去上辅导班，又怎么可能学好呢？如此一来，岂不是既错过了

同学的聚会，又辜负了爸妈的良苦用心？

如今，我们的学习任务越来越繁重，还得"牺牲"美好的周末去上辅导班，无忧无虑的童年就这样离我们远去了。多希望一觉醒来，爸爸妈妈就对我说："孩子，从今天开始你不用上辅导班，尽情去玩吧！"

● 告别乏味的辅导班

方法一：做一个不用上辅导班的优等生。

认真上课，努力学习，争取在考试中取得好成绩，让爸爸妈妈相信你即使不上辅导班也可以很优秀。

方法二：将学习变成一种兴趣。

当我们避免不了上辅导班时，与其怀着痛苦的心情去学习，倒不如努力在学习中寻找乐趣，将学习变成自己的兴趣。比如，学枯燥的英语，我们可以先从学美妙的英语歌开始。

爸爸妈妈吵架了

崔宝拉正在房间里写作业,门外突然传来激烈的争吵声。

"糟了,爸妈吵起来了!"崔宝拉赶快伏到门口听起来,一会儿是爸爸的吼叫声,一会儿是妈妈的哭闹声,还夹杂着玻璃杯摔在地上破碎的声音。崔宝拉的心扑通扑通跳个不停,她又害怕又着急,真不知是该冲出房门,还是老老实实待在房间里?

对崔宝拉来说,世界上最可怕的事莫过于爸爸妈妈吵架了。每次爸爸妈妈吵架,她都有一种世界末日来临的感觉,特别是看到爸爸妈妈吵完架后,爸爸埋头抽烟,妈妈红着眼睛的样子,她心里别提有多难受了。

所以，崔宝拉今年的生日愿望是：

希望爸爸妈妈永远不要再吵架！

可是，愿望是美好的，现实却是残酷的。生活中，爸爸妈妈总难免会为一些大事小事争吵，而站在他们中间的我们又能做些什么呢？

● **我们可以做的：**

☆努力做个懂事的孩子，不要让爸爸妈妈为了我们的事情而发生争执。

☆等爸爸妈妈冷静下来，分别进行劝导和安慰。

☆经常开展一些家庭小活动，让家庭氛围变得轻松、快乐。

☆经常在爸爸面前夸妈妈，在妈妈面前夸爸爸，做一个聪明的"小红娘"。

● **我们不能做的：**

☆参与到爸爸妈妈的"战争"中，让争吵变得越来越激烈。

☆不停地埋怨爸爸妈妈，让家庭氛围变得更紧张。

☆用哭闹的办法劝架，使局面更加混乱和复杂。

爸爸第一次打了我

"崔宝拉，这次考试为什么退步了？"

面对爸爸的质问，崔宝拉实在不知道该如何回答，她只好站在那儿，低头不说话。

"崔宝拉，回答我！"爸爸加大了嗓门，更加严厉地问道。

崔宝拉一着急，想起昨天爸妈吵架的场景，竟然壮着胆儿大声说道："你们尽管吵你们的，还管我干吗？"

爸爸一听，怒气冲天，扬起手就朝崔宝拉挥去。"啪"的一声，爸爸的大手掌落在了崔宝拉的小脸蛋上。

崔宝拉一脸不可思议的表情看着爸爸，眼泪就像关不住的水龙头，不停地流下来……

后来，崔宝拉只要一想起这件事就特别难过，那是爸爸第一次动手打她，她甚至觉得爸爸再也不像以前那么爱她了。

爸爸妈妈打人当然是不对的，但我们不能因为这样就否定他们对我们的爱。爸爸妈妈也有生气冲动的时候，这时他们会一改往日的慈祥和温柔，严厉地责骂我们，甚至扬起那只曾经抚摸过我们的手掌。可是，我们要知道，父母在打我们时，他们的手也承受着力的反弹，承受与我们相等的苦痛，而这时候他们的心比我们更痛！

所以：

☆不要对爸爸妈妈心存怨恨，世界上不会有人比他们更爱你。

☆多想一想爸爸妈妈的付出和关爱，努力做个不让爸爸妈妈操心的孩子。

☆经常和爸爸妈妈谈心，不要将不满和疑问积压在心里。

第一次面对死亡

那天,崔宝拉正在教室里上课,爸爸突然出现在教室门口。崔宝拉走出教室,一脸疑惑地看着爸爸,只见爸爸的脸上露出非常悲伤的表情,那是崔宝拉第一次在爸爸脸上看到那种表情。

爸爸将手搭在崔宝拉的肩膀上,万分悲痛地说道:"宝拉,外婆去世了。"

崔宝拉只在电视里见过这种事情,当这样的事发生在她身边时,她完全不知道该如何面对。她只记得,那天她随着爸爸一起来到医院,看见外婆安详地躺在病床上,周围是大人们歇斯底里的哭声，然后她也跟着哭了起来……

后来，崔宝拉渐渐清楚地意识到，外婆永远地离开了她，不会再出现在这个世界上。她突然觉得死亡是件很可怕的事，她甚至开始做噩梦，梦见身边的人一个个像外婆一样离开她。

亲人的离开，是一件万分悲痛的事。可是，死亡是人一生必须经历的终点，我们应该学会接受，正确地面对死亡，重新振作起来，快乐地面对崭新的生活。

● **正确面对死亡这件事：**

·面对亲人的离开，一时间可能难以接受，我们不要独自去承受悲伤，而是找知心伙伴倾诉一番，这样我们就能很快从悲痛中走出来。

·亲人在我们身边时，我们应该多爱他们一些，不要等到他们离开时才感到遗憾。特别是年迈的老人，我们更应该多陪陪他们。

别家的小孩

"你瞧瞧张阿姨家的豆豆,小小年纪就会三国语言,你连一门英文都学不好。"

"你听,邻居家的小优又在朗读课文呢,你就知道上网、看电视。"

"崔宝拉,你要是有别家的小孩一半听话、懂事就好了。"

……

崔宝拉总认为,在妈妈的眼中,她从来都是最差劲的孩子,别家的任何一个小孩都比她优秀。所以,崔宝拉讨厌豆豆、小优,以及所有别家的小孩。

有一天,崔宝拉问陆诗妍:"你妈妈也喜欢拿你和别家小孩比较吗?"

"哪只是比呀!"陆诗妍耸耸肩,无奈地回答道,"我甚至觉得别家的小孩才是爸妈的亲生孩子呢!"

原来大部分的孩子从小都有一个宿敌,那就是"别家的小孩"。爸妈口中的"别家小孩"聪明懂事,浑身优点,没有一点儿坏毛病,相比而言,自家的"我"每次都会败下阵来。

不管是虚拟的,还是真实存在的,这个"别家的小孩"都特别令人讨厌,我们应该怎样才能甩掉她(他),让她(他)从我们的生活中消失呢?

陆诗妍的绝招

——我努力让自己变得更优秀，成为爸爸妈妈的骄傲，让他们打心底里认为我比"别家的小孩"更棒。

周曼的绝招

——爸妈虽然喜欢拿我和"别家的小孩"比较，但他们从不会给"别家的小孩"买好吃的、好玩的，不会供他们读书，所以我觉得爸妈依然更爱我。让他们比呗，我才不会往心里去呢！

安浩的绝招

——我会对爸妈说："'别家的小孩'虽好，但绝对没有我活泼、可爱、人见人爱。"自恋在这时候特别管用。

爸妈不喜欢我的朋友

这天，崔宝拉接到周曼的电话，邀她出去玩。

一旁的妈妈听到了，皱着眉头说："宝拉，最近你好像和这个叫周曼的同学走得很近呀！我看她老是邀你出去玩，不怎么爱学习，你还是少和她在一起玩。"

在许多爸妈的眼中，不爱学习的同学都是坏学生，要是我们总和这样的学生待在一起，不仅成绩会变得越来越差，就连品性也会变得越来越坏。实际上，这只是他们的偏见，其实学习成绩不太好的同学也是可爱的朋友，有很多值得我们学习的地方呢！

叛逆、贪玩、没礼貌、浑身坏习惯。

义气、有爱心、可爱、善良、志同道合。

让爸妈刮目相看：

- 经常在爸妈面前夸奖自己的朋友，让爸妈了解朋友的优点和长处。
- 和好朋友共同学习，一起取得进步，消除爸妈的顾虑。
- 将好朋友请到家里来做客，让爸妈看到好朋友可爱的一面。

不能和朋友做的事

- **撒谎**

  不要合伙欺骗父母和老师，共同的智慧不是用来"同流合污"的。

- **做坏事**

  如果和朋友在一起是为了一起逃课、考试作弊、欺负同学，这样的友谊自然不会得到认可，也不可能长久。

- **共同堕落**

  朋友在一起应该互相鼓励，共同进步，而不是一起不思进取、沉沦堕落，朝着更糟的方向奔去。最好的朋友，应该给对方带去温暖的阳光。

我的父母真丢人

六一儿童节就要到了,刘老师对同学们说:"记得回去邀请你们的父母,来学校观看演出呀!"

全班同学们异口同声地回答道:"好!"只有坐在角落位置的柳莹默默低下了头。因为她根本不想让爸爸妈妈来学校,更不想让同学和老师见到他们。

在柳莹眼中,其他同学的父母穿着时尚,言谈举止得体,只有她的父母穿得土气,说话还总是吵吵嚷嚷的,实在太丢人了。

其实,许多孩子都有同样的感觉。小时候,爸爸是海一样宽阔的巨人,妈妈是最美丽的天使;随着年龄的增长,我们了解得越来越多,便越来越多地发现爸妈身上的缺点。在我们眼中,他们变得越来越俗气,越来越不可理喻。渐渐地,我们不再愿意和父母逛街,不再期盼他们来学校看望我们,甚至走路都与他们保持距离。

可是,我们要知道每个人都有缺点,我们的父母也不例外。我们应该像父母包容我们那样,去包容我们的父母。比起他们对我们的养育之恩,那些缺点又算什么呢?

写下父母的五个优点,学会欣赏自己的父母吧!

柳莹:

妈妈的优点:　　　　　爸爸的优点:

我爸爸的优点:

我妈妈的优点:

假如爸爸妈妈离婚了

这天，爸爸出门了，崔宝拉和妈妈两人在家。妈妈突然凑过来，神秘兮兮地问道："宝贝儿，假如爸爸妈妈离婚了，你想跟谁？"

"什么？"崔宝拉吓了一大跳，尖叫道，"你们要离婚？"

妈妈赶紧摆摆手，补充道："我是说假如，假如离婚了，你想跟爸爸，还是跟妈妈？"

崔宝拉想了想，气呼呼地回答道："你们要是离婚了，我就搬到爷爷家去住，再也不理你们俩了！"

几乎所有的孩子都面对过这道选择题。对我们来说，爸妈离婚是一个非常严重的问题，并不是喜欢谁就跟谁那么简单。

假设有一天，爸爸妈妈真的因为某些解不开的矛盾离婚

爸爸妈妈离婚了，最伤心痛苦的肯定是他们自己，我要用我的爱去温暖他们。

了，我们该怎么办呢？除了选择跟谁外，我们该如何面对突如其来的变化，该如何去过另一种崭新的生活呢？

● **假如爸爸妈妈离婚了！**

·如果爸爸妈妈心意已决，那我们就放下吵闹和任性，试着去尊重大人的决定。

爸妈的感情虽然破裂了，但他们对我的爱不曾减少，我也依然像以前一样爱他们。

·体谅和原谅爸爸妈妈，依然像以前一样爱他们。

·不管是跟爸爸住，还是跟妈妈住，都要和另一方保持联系。

·努力做好自己，充实自己，不让爸爸妈妈为自己操心。

上课老想别的事情

不知从什么时候开始，崔宝拉发现自己上课特别容易走神。每次上着课，思绪不知不觉就飘到九霄云外去了，老师说了什么一句也没听见。

"我以前上课可认真了，从来不走神，现在却不知道怎么了，脑袋里面总是乱糟糟的，连我自己也弄不明白是怎么回事。"

崔宝拉将自己的烦恼说给表姐杜冰听。

杜冰想了想，然后一副过来人的姿态，推断道："你现在正值青春期，青春期的女孩都喜欢胡思乱想。"

真是这样吗？杜冰说的话还是有一些道理的。正值青春期的女孩,生理和心理上都会发生一系列的转变,这些转变让我们的心思越来越复杂。当我们处在一个相对安静的环境中时,就会不自觉地胡思乱想。于是,"专心"对我们来说成了一件特别困难的事。

难道我们就这样任由自己在课堂上走神,眼看着自己的成绩一点点下降吗?有什么办法可以打破青春期魔咒呢?

★ **预防上课走神的好方法:**

- 课前做好预习,以防课堂上因为听不懂而走神。
- 一边听课,一边认真做笔记。
- 轻声重复老师的讲课内容。
- 别总纠结于不懂的问题,以防跟不上老师的思路。
- 将不理解的问题先记下来,下课后再问老师。
- 请同桌监督和提醒自己。

我不是老师喜欢的学生

"**我**觉得,刘老师一点儿也不喜欢我!"

经过长时间的观察和实践证明,崔宝拉得出了这样的结论。

崔宝拉为什么如此断定班主任刘老师不喜欢她呢?她的理由有三个:

第一,上课时,刘老师很少喊她回答问题;

第二,刘老师一学期只找她谈一次话;

第三,每次学校有什么活动需要学生参与,刘老师从来不会推荐她。

相比而言,陆诗妍就幸运得多,她成绩优异,刘老师几乎把她当成自己的女儿一样对待,无论大事小事,刘老师总是第一个想到她。

虽然陆诗妍是崔宝拉最好的朋友,可崔宝拉也难免会嫉妒她。

每个学生都渴望得到老师的关注,都希望成为老师最喜爱的学生,可是一个班级有几十名学生,老师根本不可能面面俱到。更何况,老师也是平凡人,很难做到将自己的关注和关心平均分配给几十名学生,他们往往更容易将目光放在特别的学生身上。

所以,特别优秀和特别调皮的学生更容易被老师注意到,而默默无闻的学生则容易被忽略。如果我们像崔宝拉一样,感觉自己被老师忽略了,我们应该怎样做呢?

● 老师,请您看到我!

·与其嫉妒别人,还不如努力让自己变得更优秀,争取闪出夺目的光彩。

·与其等着老师去发现我们,还不如自己主动冒出头来。

注意啦!

·不要为了吸引老师的注意力,做一些违反校纪校规的事。

·不要为了得到老师的喜爱,巴结和奉承老师。

第 3 章

男生究竟有多特别

男生有什么不一样？

崔宝拉从读小学开始，表姐杜冰就对她说："男生都很讨厌，千万不要理他们。"

所以，崔宝拉从小就特别讨厌男生，讨厌和男生说话，讨厌和男生站在一起，更讨厌和男生成为同桌。可是，随着年龄的增长，崔宝拉心中的疑惑越来越多……

"我为什么要讨厌男生呢？同样都是人类，男生究竟和女生有什么不一样呢？"

男生和女生虽然都是人类，却有着很大的不同呢！

刚出生的时候，男宝宝和女宝宝除了某些身体器官不同外，表面上并没有很大的区别。随着年龄渐渐增长，男生和女生的区别越来越大。无论身体还是性格，男生和女生变得越来越不一样了。

● 身体的不同（与女生相比，男生有不一样的生理特点）

- 五官更立体，脸庞轮廓更鲜明。
- 体毛更多。
- 骨架更大，身材更魁梧。
- 力气更大，耐力更强。
- 声音更浑厚。
- 生殖器官不同。

● 性格的不同（与女生相比，男生有不一样的性格）

- 坚强勇敢。
- 讲义气。
- 活泼好动。
- 思维敏捷。
- 易冲动。
- 成熟较晚。

他有了惊人的变化

这天放学后，崔宝拉刚打开门，一个男生突然从客厅里冲出来，一把抱住她，兴奋地大叫道："宝拉，好久不见啊！"

崔宝拉慌慌张张推开他，一脸惊奇加疑惑地看着眼前这个比自己高出一头的男生，好像在哪里见过，却怎么也想不起来。

"宝拉，你不认识我了？我是崔轩齐，你堂哥啊！"

"啊！"崔宝拉顿时吃惊得嘴巴都合不拢了。话说，从小一起玩的堂哥她怎么可能不认识呢？只是，五年前堂哥随父母去了国外，如今眼前这个高高瘦瘦的男生，崔宝拉实在无法将他与五年前那个又矮又黑的小胖子联系在一起。

不过短短五年，崔轩齐怎么会有如此大的变化呢？这是因为，男生也有青春期，这个阶段标志着男生正渐渐向男人转变，他们将变得越来越帅气，越来越有阳刚之气！

★ 男生在青春期的变化：

- 个子像雨后春笋一样迅速长高。
- 身体变得越来越强壮，力气也越来越大。
- 长出胡须和浓密的体毛。
- 进入变声期，声音越来越浑厚。
- 青春痘开始找上门。
- 五官越来越立体，脸部轮廓越来越鲜明。

他没以前讨厌了

"宝拉,重的东西我来拎吧!"

"宝拉,你喜欢吃哪种巧克力,你先挑吧!"

"宝拉,学校里有没有谁欺负你?尽管告诉我。"

……

回想起这几天堂哥说的话,崔宝拉的心里美滋滋的,她感觉堂哥简直变成了童话里的王子——帅气、谦让、勇敢、懂得照顾女生……简直浑身上下都是优点。

崔宝拉感觉这一切太不真实了,因为在她的印象里,堂哥一

直是一个霸道、调皮、喜欢欺负女生的讨厌鬼。时间的魔力真强大啊,竟然能让一个人脱胎换骨!

男生进入青春期,发生改变的不只是身体,就连性格也会悄悄发生转变。

他们会渐渐褪去稚气,变得越来越成熟,越来越理智;

他们越来越在意自己的形象,喜欢在女生面前表现自己;

他们心中的保护欲会被激发,期待保护弱小,以获得被崇拜的感觉;

他们渐渐意识到自己是男子汉,开始明白自己的使命,开始树立远大的理想。

哇!白马王子呀!

男生真的很幼稚

自从堂哥回国后，崔宝拉就觉得堂哥是她所见过的男生中最棒的，相比而言，班里的那些男生就差劲多了。他们喜欢恶作剧吓唬女生，还总是玩一些无聊的游戏，简直幼稚至极。

一般来说，男生的青春期比女生要晚一些，所以同龄的女生要比男生显得稍微成熟。因此，在女生眼里，大部分同龄男生都很幼稚。他们似乎从来不愿把精力放在学习上，整天琢磨一些奇奇怪怪的事，好像永远也长不大似的。

不过随着年龄的增长，他们会渐渐褪去稚气，追上同龄女生的脚步，变得成熟稳重。有些男生还有可能像堂哥崔轩齐那样，发生翻天覆地的变化哟！

好想有个哥哥

女生们围坐在一起聊天，聊着聊着，崔宝拉提到了自己的堂哥崔轩齐：

"我的堂哥叫崔轩齐，他对我特别好，总是把好吃的让给我吃，还从国外给我带了好多礼物回来。他还说，如果有谁欺负我，就替我教训他呢！"

"哇！"其他女孩听了，全都羡慕极了。

"我要是有个这样的哥哥就好了！"周曼此话一出，简直说出了大家的心声。

很多时候，我们是不是也像故事中的女孩们一样，羡慕那些有哥哥的同学，并希望自己也有一个哥哥呢？那是因为我们和大多数孩子一样，是爸妈唯一的宝贝，身边几乎没有兄弟姐妹，除了希望有个哥哥可以保护和疼爱自己，然后得到所有人的羡慕外，更多的是想拥有一个亲密的伙伴，当父母不在身边时，就不用一个人面对孤单的童年。

其实，我们完全不用羡慕别的同学，只要我们积极乐观，努力让生活变得更充实，就不会感到孤单寂寞。就算没有哥哥的爱护，我们也是最幸福快乐的女孩。

就算没有哥哥，我也很快乐！

·我的娃娃就是我最好的伙伴。

·我拥有自己的兴趣爱好，根本没空孤单。

·我拥有许多好朋友，他们就是我的兄弟姐妹。

·我经常参加集体活动，在团队中学会互帮互助、团结友爱。

没有哥哥的女孩羡慕有哥哥的女孩，如果你有一个哥哥，那你一定是世界上最幸福的女孩。

你有哥哥吗？他叫什么名字？说出你对他的爱吧！

我的哥哥叫：

我想对哥哥说：

我越来越臭美

以前，崔宝拉每天从起床到出门上学只需花二十分钟。可是不知道从什么时候开始，二十分钟不够用了，她必须再提前半个小时才能做完所有的事情。

这增加的半个小时崔宝拉究竟做了什么呢？让我们来看看她以前和现在的时间表对比吧！

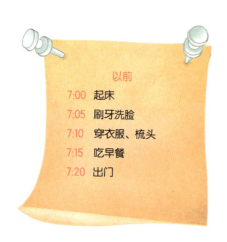

以前
7:00 起床
7:05 刷牙洗脸
7:10 穿衣服、梳头
7:15 吃早餐
7:20 出门

现在
6:30 起床
6:35 刷牙洗脸
6:40 镜子前试穿各款衣服
6:50 梳头、挑选合适的头饰
7:00 涂抹各种护肤品
7:05 吃早餐
7:10 镜子前进行最后的整理
7:20 出门

一目了然，比起以前，崔宝拉出门前多了许多程序，不过这些程序可以统称为"打扮"。

不久前，崔宝拉还是个大大咧咧的小姑娘，只对吃和玩感兴趣，从来不在意自己的外貌。自从进入了青春期，她仿佛突然长大了，开始特别注意自己的形象，希望被人关注。渐渐地，她的衣柜里多了许多漂亮的裙子，抽屉里多了许多精致的头饰，就连书包里也多了一面小镜子。

用表姐杜冰的话来说，就是："崔宝拉越来越臭美了！"

女孩进入青春期后，不仅身体上的女性特征越来越明显，就连心理上也在发生微妙的变化，她们开始渐渐显露女性的天性——爱美。

不管小时候的你是假小子，还是乖乖女，一旦进入青春期，都会或多或少地显露出爱美的天性。这没什么好害羞的，大方地展示自己的美丽吧！

 注意啦！

● 爱打扮没有错，但不要把全部精力放在打扮上哟！

● 心态健康、积极乐观也是一种美，不要过度在意自己的外表。

● 得体清新的打扮最美丽，太艳丽的打扮反而遮盖原本质朴的美。

我的公主梦

崔宝拉身穿雪白的连衣裙，穿梭在一片美丽的花海中。她走呀走，走呀走，突然，在花海的尽头，她看到了一位骑着白马的王子。王子那样高大，那样英俊，崔宝拉简直着了迷。突然，一个什么东西从天上掉下来，正好砸中崔宝拉的脑袋……

"啊——"崔宝拉大叫一声,睁开眼睛,发现自己竟然在教室里,坐在座位上,站在讲台上的刘老师正一脸严肃地瞪着她呢!

原来是做白日梦啊!最近,崔宝拉像是着了魔一样,老是做同一个梦,梦见自己变成优雅的公主,身边有一个帅气的王子。可是,她不敢将这件事告诉自己的好朋友,因为她觉得朋友们知道了一定会笑话她的。

据说,每一个女孩都有一个公主梦,希望自己像童话里讲的那样,变成集美丽与智慧于一身的公主,经历各种奇幻的旅程,最后找到一位善良英俊的王子。

我们不必觉得害羞,因为我们的公主梦就像童话故事一样纯洁美好。拥有公主梦是想象力迸发的预兆,终有一天,我们会插上想象的翅膀,在未来的天空中翱翔。

不仅如此,拥有公主梦,还能让我们的气质越来越优雅。

- 我希望自己像白雪公主一样纯洁可爱;
- 我希望自己像人鱼公主一样坚强勇敢;
- 我希望自己像灰姑娘一样勤劳善良。

那么,你希望自己变成一位什么样的公主呢?

不想被男生们讨厌

有一天,崔宝拉经过走廊,突然听到男生们的对话。

"我最讨厌自以为是的女生了。"

"你是说咱们班的×××吧!比起她,我更讨厌爱哭的××。"

"……"

崔宝拉听到这些话,赶紧灰溜溜地逃跑了,因为她怕从男生们口中听到讨厌她的话。崔宝拉只知道女生们经常聚在一起议论讨厌的男生,没想到男生们也会在一起议论讨厌的女生啊!崔宝拉不希望自己成为男生们口中讨厌的女生。可是,男生们究竟讨厌怎样的女生,她却一点儿也不知道。

● **男生们讨厌的女生:**

· 总自以为是又霸道的女生。

· 太脆弱、老爱哭的女生。

· 总使唤男生干活,有公主病的女生。

· 什么都不懂的笨女生。

· 喜欢斤斤计较的小气女生。

· 性格暴躁、爱骂人的女生。

· 爱发牢骚、爱生气的女生。

没有女孩希望自己的名字被列入"男生讨厌的女生"的名单。如果得知自己被男生讨厌，那简直比被女生讨厌还让人难受呢！因此，我们从现在开始就要改掉一些不好的习惯和性格，做一个人见人爱的女生哟！

● **男孩们乐意接近的女生：**

·善良可爱的女生。

·温柔大方的女生。

·聪明有主见的女生。

·待人真诚的女生。

·没有性别歧视的女生。

我的异性朋友

"喂！你知道吗？最近我们班的李思思和周笛走得特别近。"

"他俩不会在谈恋爱吧？"

自从女生李思思和男生周笛成了朋友之后，他俩就成了班里的风云人物，被大家议论来讨论去，好像他们成为朋友是特别新奇的事。

最后，这一对好朋友经不住舆论压力，只好保持距离。

作为观众的崔宝拉有些不能理解了，为什么女孩和女孩可以成为朋友，男孩和男孩可以成为朋友，而女孩和男孩却很难成为

朋友呢？难道女孩和男孩不能做朋友吗？

当然不是这样。一个人只要拥有一颗真诚的心，就是值得交往的朋友，是男孩还是女孩又有什么关系呢？我们不应该有性别歧视，因为性别而拒绝一个真心的朋友。

朋友没有国界，更没有性别之分，不管是谁，如果你想和他成为朋友，就勇敢牵起他的手吧，让友谊之花在你们之间绽放。

如果你有一个异性朋友：

☆ 不要因为别人的嘲笑而疏远朋友。

☆ 像对待同性朋友一样对待异性朋友。

☆ 将他带入你的朋友圈，让大家都成为朋友。

☆ 劝告身边的朋友不要有性别歧视。

你有异性朋友吗？他叫什么名字，说说他的优点吧！

我的朋友叫：

他的优点有：

我讨厌男生们都喜欢的女生

"你知道吗？竞选文艺委员，大部分男生都把票投给了李思思。"

周曼凑过来，将这个"惊天秘密"告诉了崔宝拉。

"关我什么事？"崔宝拉表面上装作无所谓的样子，心里却充满了嫉妒。她心想：李思思不就是长得漂亮，说话比较温柔吗？有什么了不起的，真搞不懂男生们为什么都喜欢这种女生。

和崔宝拉一样，班上大部分女生都不太喜欢李思思，总是看她不顺眼。不只有李思思，好像男生们喜欢的女生，就很容易成为其他女生的公敌。

我们为什么会讨厌男生们喜欢的女生呢？并不是因为这个女生本身惹人讨厌，也不是因为她做了什么令人讨厌的事情，而是我们的嫉妒心在作祟。其实，我们完全不用嫉妒别人，只要我们做好自己，也能成为招人喜欢的女生呢！

收起嫉妒之心。

- 不要在背后随意议论别的女生。
- 不要当着别人的面说其他女生的坏话。
- 不要联合其他女生孤立男生们喜欢的女生。
- 不要随意传播不属实的流言。

我也能成为万人迷！

- 注意衣着整洁，讲卫生。
- 举止文明有礼貌，不说粗话和脏话。
- 待人友好，平等对待身边的每一个人。
- 努力提升自己，做一个优秀出众的女生。

怎样和男生相处？

其实，崔宝拉有一点儿羡慕李思思，因为在崔宝拉看来，能和男生成为朋友，而且和睦相处，是一件非常了不起的事情！

从小到大，崔宝拉不仅没有一个男生朋友，而且每次和男生谈话总是不欢而散。她怎么也弄不明白，为什么男生不喜欢和她相处？

与男生相处的小诀窍

与男生相处的"四不要":
不要说带性别歧视的话;
不要随意贬低男生的能力;
不要当众指出男生的错误;
不要老是指使男生干这干那。

男生不管处在什么年龄段,他们都有三个共同的特点:一是十分要面子;二是喜欢被人崇拜的感觉;三是有很强的领导意识。如果我们不违背这三点,并试着去理解男生,就能和他们愉快相处。

这就是喜欢吗？

在崔宝拉的记忆中，她只有三种情况才会脸红：一是上台演讲感到紧张时；二是被大人批评觉得难堪时；三是被人夸奖不好意思时。可是有一天，当她看到隔壁班的一个男生时，她竟然也脸红了。不仅如此，当崔宝拉与这个男生擦肩而过时，她的心竟然扑通扑通跳个不停。

"我这是怎么了？"崔宝拉苦恼极了，她甚至觉得自己一定是生病了。

"不对！"陆诗妍给出了不同的结论，"你一定是喜欢上那个男生了。"

"什么?"崔宝拉简直不敢相信自己的耳朵,以前她总是拿这种事嘲笑表姐杜冰,想不到自己也有这一天呀!

每个女孩都要经历这样一个过程,特别关注某个男生,对他产生喜欢的感觉。我们不用苦恼,这是我们成长过程中一个很自然的过程。也就是说,每个女孩到了一定的年龄,心中都会有喜欢的对象。

如果你开始喜欢一个人,说明你的青春正在萌芽!

喜欢一个人的蛛丝马迹:

- 见到这个男生会脸颊发热、心跳加速。
- 不见的时候满脑子都是他的样子。
- 会经常做梦梦到他。
- 别人一提他的名字就感到莫名的紧张。
- 总渴望他也在注意自己。

偷偷喜欢一个人是一种青涩而美妙的滋味,如果我们将它放在心底深处,让它伴随我们成长,有一天它将成为我们最美好的回忆。

我为什么不专一？

崔宝拉：我最近特别烦恼。前一阵子，我很喜欢隔壁班的那个男生；没过几天，我又对高年级的一个男生产生了好感；最近，我竟然开始有点儿喜欢邻居家的大哥哥。我觉得自己是一个特别花心的女孩，我讨厌自己。

陆诗妍：这种现象很正常，跟花心没有一点关系。我们现在对一个人的喜欢还只能算单纯的好感，这种好感很容易来，也很容易消失，就像我们今天喜欢喝豆浆，明天又想喝牛奶是一个道理。我们不要想太多，只要顺其自然地接受就好啦！

处于青春期的女孩,刚刚了解"喜欢"这种感觉,内心的情感还处于十分不稳定的状态;甚至有可能对"喜欢"一知半解,经常将崇拜、欣赏、好奇等与喜欢混为一谈,所以才会出现"今天喜欢这个明天喜欢那个"的错觉。这根本不是花心,也谈不上不专一,我们完全不必为此感到困扰。

"喜欢"是一种很复杂的情感,我们一时半会儿根本没法弄明白,与其为这种解不开的谜题伤脑筋,还不如去做一些更有意义的事,分散自己的注意力。

- 积极参与朋友之间的游戏和聚会。
- 和家人一起去野餐,去郊游。
- 每天抽时间阅读和看书。
- 找到自己的兴趣爱好,并投入其中。

收到第一封情书

星期一的早晨,崔宝拉走进教室,来到自己的座位前,打开课桌,一个蓝色的信封映入眼帘。她拿出信封,打开一看,里面歪歪扭扭地写着几行字:

> 宝拉:
>
> 　你好吗?从第一次见到你,我就记住了你可爱的微笑……我很喜欢你!
>
> 　　　　　　　　　　　　李鑫泽

"情书!"崔宝拉的脑海中瞬间浮现出这两个字,她的脸也不自觉地燥热起来,一时之间不知道该怎么办才好。

接下来的一整天,无论是上课还是下课,崔宝拉都魂不守舍的。而且,她更不敢向后望,生怕一不小心与坐在后排的李鑫泽四目相对。

"原来,收到情书是这样的感觉啊!"

在这之前,崔宝拉也曾幻想过,收到情书一定是一件兴奋开心的事。可是,当情书真的来了,崔宝拉不仅一点儿也高兴不起来,心中反而充满了不安和惶恐。

之所以会有这样的情绪，是因为收到情书后我们的心里会产生许多顾虑：害怕其他同学知道，担心这是一次恶作剧，不知道该如何处理情书……于是，情书不但没能成为一件美好的礼物，反而成了一个大麻烦。

如何处理这个"大麻烦"呢？

> 最好的方法莫过于默默收起信件，先当这件事没有发生。如果对方仍然不放弃，最好找个机会，用委婉的方式回复他。总之，我们要做到既不伤害别人，又要表明自己的立场。

美妙的"约会"!

天刚刚亮,崔宝拉就起床了。她来到衣柜前,看着满柜的衣服,发起愁来:"究竟穿哪一件好呢?"

试了一件又一件,崔宝拉还是没法拿定主意。

今天究竟有什么重要的事,令崔宝拉如此重视呢?原来,昨天她接了一个电话,李鑫泽邀她今天去公园玩。这可是她人生中的第一次"约会"呢,当然得重视啦!

以前总是和女生一起出去玩,偶尔和男生一起去玩也是一件有趣的、令人感到愉快的事。可是,崔宝拉的心情好复杂啊!她一面充满期待,一面又害怕因为别扭而弄砸了。

❤ 如何度过美妙的约会?

1. 得体的打扮。

穿上清爽舒适的衣服,背上一个可爱的小书包,可能给别人赏心悦目的感觉呢!

2. 带上钱包。

出去玩不应该都让男生付钱。买单时采用AA制,或者一人请一次是最佳选择。

3. 守时。

约会时千万不要迟到,让对方等太久是非常不礼貌的行为呀!

4. 适当发表意见。

不要总是说"随便""听你的"。当对方询问意见时,可适当说出具体的方案,两人商量做出最后的决定。

5. 注意约会时间。

在不耽误学习的前提下,尽量选择白天去玩。事先跟父母交代清楚,并在父母规定的时间内准时回家,不要让父母担心。

6. 避免过度的身体接触。

双方可以有必要的接触,如上下坡有困难时互相搀扶和手拉手。但如果出于表白爱意的其他身体接触,则一定要果断拒绝。

请大声地说"不"

"崔宝拉,我们交往吧!"

当李鑫泽说出这句话时,崔宝拉吓了一大跳,除了脸红心跳外,她的脑子里更是乱成了一团麻。她实在不知道该怎样回答,最后只好害羞地跑开了。

第二天,陆诗妍对崔宝拉说:"现在班里都传开了,李鑫泽说,你同意和他交往了。"

听了这话,崔宝拉气急败坏地找到李鑫泽,质问道:"我什么时候说过和你交往了?"

我根本不想和你交往。

在我看来,没有直接拒绝就是同意的意思。

"可是，你也没拒绝啊！"李鑫泽一脸委屈地回答道。

崔宝拉明明没有答应，却被李鑫泽误以为她已经默许，这才闹出了大乌龙。和李鑫泽一样，大部分人认为，女生害羞，喜欢被动，她们即使同意交往也不会大声说出来，而是默默地接受，有时候甚至故意说"不"。所以，女孩在拒绝时，千万不要模棱两可，而是要态度明确，坚定地拒绝。

与男生接触时需要注意的事：

● 我们年龄还小，还不到谈恋爱的年纪，所以对男生提出的交往要求，必须坚决地拒绝。

● 我们要珍爱自己的身体，对男生提出的进一步身体接触的要求，也必须毫不犹豫地拒绝。

● 不要单独跟不熟的男生去偏僻陌生的地方，即使是熟悉的男生，也要问清楚情况再做决定。

● 和男生单独接触时，如果他提出了特别奇怪的要求，一律果断拒绝。

我想我失恋了

这天，崔宝拉在写作业，陆诗妍突然凑过来对她说："听说李鑫泽又喜欢李思思了，他可真花心。"

一开始，崔宝拉觉得没什么，可是渐渐地，她发现李鑫泽不再有事没事烦她了，不再往她的课桌里塞巧克力了，不再打电话给她了……她心里失落极了，每每想到这些，就有一种想哭的冲动。

崔宝拉：我虽然不喜欢李鑫泽，可是为什么听到他不再喜欢我的消息会这样难过呢？这也算失恋吗？

陆诗妍：当一个人喜欢你的时候，他会绕着你转，给你无微不至的关心。渐渐地，你习惯了这种状态。有一天他突然不再这么做了，你就会觉得不适应。不过没关系，习惯是可以改变的，过不了多久你就会忘记这种不适应的感觉。

就像陆诗妍说的一样，原本喜欢你的人突然不再喜欢你了，从严格意义上来说，根本算不上失恋！我们只是失去了一种被人喜欢的习惯而已。

被人喜欢和爱护的滋味虽然很美好，却很容易失去。与其总是依赖别人的喜爱，还不如自己爱自己来得真实可靠呢！

 让自己从失落的情绪中走出来吧！

·多想想开心的事，转移自己的注意力。

·多和朋友们待在一起，用快乐冲淡悲伤。

·多做一些有意义的事，让自己的生活过得更充实。

·处理掉一些与之相关的物品，彻底忘记让自己不开心的事。

·树立远大的理想，确定人生的目标，将自己的眼光放长远些。

第4章 我的私密花园

妈妈，我从哪里来？

小时候，我们最喜欢问妈妈一个问题："我从哪里来？"

妈妈们有着各自不同的回答：

"宝贝，你是从妈妈的肚脐眼儿里钻出来的。"

"你呀，是我在马路边捡来的。"

"告诉你吧，每一个孩子都来自遥远的外太空。"

……

妈妈们的说法是真的吗？如果真是这样，孩子们的出身还真是千奇百怪呢！不过，这些根本都不是事实，事情的真相只有一个，那就是：每一个孩子都是爸爸妈妈爱的结晶。

★ **真相揭晓——你是如何一步一步出现的。**

——有一天,妈妈的卵巢里排出了一颗健康的卵子。

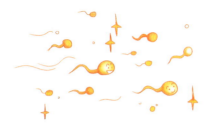

——没过多久,爸爸的许多精子游进了妈妈的身体里。

——有一个最强壮的精子和卵子在妈妈的身体里相遇了,变成了受精卵。

——受精卵开始细胞分裂,在子宫里安了家,开始慢慢成长。

——受精卵在子宫里吸收营养,经历38周的成长和蜕变,变成了有手有脚、面目清晰的小婴儿。

——38周后,在医生的帮助下,做好充分准备的小婴儿从妈妈的身体里钻了出来,那就是最初的你。

为什么男人不能怀孕？

有一天,妈妈对崔宝拉说:"宝贝,你知道吗?妈妈怀你的时候经常吃不下东西,睡不好觉,你还老在肚子里翻跟头,让妈妈不省心呢!"

崔宝拉摸摸妈妈的肚子,一脸心疼地回答道:"我看小姨怀孕挺着个大肚子,可辛苦了,您怀我的时候一定也很累吧!"

看着懂事的女儿,妈妈感动得快哭了,可是崔宝拉接下来的问题却让她有些哭笑不得。

"妈妈,"崔宝拉问道,"为什么怀孕这样辛苦的事不让更强壮的爸爸来做呢?"

崔宝拉还真是妈妈的贴心小棉袄,不过妈妈也很无奈,因为有些事情爸爸根本没法替妈妈做,比如怀孕。

虽说孕育我们的人是妈妈,可是在妈妈怀孕时,爸爸尽心尽力地照顾妈妈,几乎包揽了所有的家务,还要努力赚钱养家,并不比怀孕的妈妈轻松。爸爸为了养育我们也很辛苦,我们要像心疼妈妈那样心疼爸爸哟!

怀孕的海马爸爸

和人类一样,几乎所有的动物都是由妈妈负责怀孕、生宝宝,只有一种动物除外,那就是海马。只有小海马是从爸爸的肚子里出生的。海马爸爸有一个宽大的育儿袋,海马妈妈将卵宝宝产在海马爸爸的育儿袋里,然后卵宝宝就在爸爸的育儿袋里进行胚胎发育,慢慢长成小海马,最后出生。

是男孩还是女孩？

小姨怀孕了，大家都在猜测小姨怀的是男孩还是女孩。崔宝拉心里也充满了期待，她心想：小姨要是生一个女孩就好了，我就可以给她扎头发，将她打扮成小公主啦！

"妈妈，有什么办法让小姨生女孩呢？"

崔宝拉的问题还真是把妈妈给难住了，妈妈回答道："那可没办法，因为宝宝的性别早在小姨怀孕时就已经决定了。"

"谁决定的？"崔宝拉又不依不饶地问道。

"这……"显然，妈妈也被这个问题难住了。

究竟谁决定了宝宝的性别呢？是宝宝自己在妈妈的肚子里做出的决定，还是妈妈决定的呢？

谁决定了宝宝的性别？

宝宝的每个细胞中都有23对染色体，一半来自妈妈，一半来自爸爸。其中22对为常染色体，只有1对为性染色体，决定了宝宝的性别。

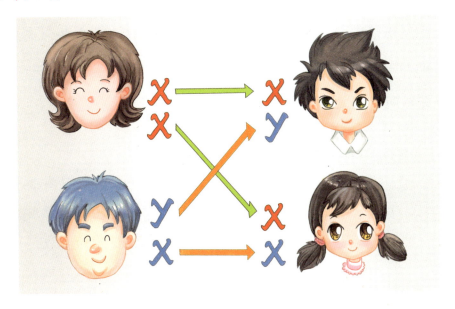

妈妈的卵子中的一对性染色体为XX，爸爸的精子中的一对性染色体为XY。如果带着X染色体的精子和带着X染色体的卵子结合，妈妈就会生出女宝宝；如果带着Y染色体的精子和带着X染色体的卵子结合，妈妈就会生男宝宝。

因此，宝宝的性别在卵子受精的一瞬间就决定了。做出这个重要决定的决策者就是精子。也可以说，拥有精子的爸爸决定了宝宝的性别。

我在妈妈肚子里的十个月

我们从一颗小小的受精卵变成小婴儿，然后妈妈将我们生出来，要经历漫长的十个月呢！这段时间，妈妈非常辛苦，而对我们来说却是一次奇妙的旅程呢！在这十个月里，我们每一个月都会有不同的变化。

第1个月

这时候，小宝宝还只有豌豆那么大，严格意义上还只能算胚胎，但脊椎和脑部已经开始形成。

第2~3个月

宝宝的四肢长了出来，眼睛也开始形成，但还没有脸。慢慢地，宝宝的头形成了，而且与其他部分相比显得特别大。

第4个月

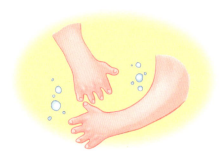

宝宝越长越大，手指甲与脚指甲也长了出来，皮肤则呈亮红透明。妈妈可以隐约感觉到宝宝在肚子里做运动。

第5个月

宝宝已经长出了头发、眉毛及睫毛，眼睛还是闭着的。这时，妈妈可以通过听诊器听到宝宝的心跳。

第6~7个月

宝宝的体重和身长都在迅速增长，各脏器都已经发育，开始有了听觉、视觉、味觉和触觉。宝宝有时候还会踢妈妈的肚子呢！

第8~9个月

宝宝越长越大，渐渐充满了整个子宫。他（她）的头部开始慢慢朝下（这是生产前的准备姿势），他（她）已经为出生做好充足准备。

第10个月

此时，宝宝的发育已经完全成熟，随时都有可能出生呢！

处女膜是什么东西？

最近，崔宝拉在书上看到了一个奇怪的词——处女膜。书上说，每个女孩身体里都有一层处女膜，处女膜一旦破裂，身体里就会流出血来，并意味着这个女孩不再纯洁。

崔宝拉心想：我来大姨妈时会出许多血，那我的处女膜是不是破裂了，那我是不是不再纯洁了？

想到这些问题，崔宝拉开始变得紧张兮兮的。

我只听说过处女座，从没听说过处女膜，这究竟是什么东西呢？

究竟什么是处女膜?

处女膜是位于女性阴道口的一道有孔的薄膜。青少年的处女膜又小又厚,随着身体的发育成熟,女孩的处女膜会变得大而薄,并且有韧性。

来月经处女膜就会破裂吗?

女孩每月的经血由处女膜上的小孔排出,所以流经血根本不会使处女膜破裂。

处女膜破裂就代表不再纯洁吗?

这实在是一种很无厘头的封建思想。其实,处女膜破不破裂跟女孩纯不纯洁并没有多大关系,因为处女膜破裂的原因并不止一种。更何况,对一个女孩来说,心灵的纯洁才是最重要的。我们只要爱惜自己的身体,保持健康的心理,就是最纯洁的女孩。

奇怪的"气球"

有一天,崔宝拉在爸妈的房间里找东西,不小心在他们的枕头下翻到了一个方便面调料包大小的小包,上面写着生涩的英语单词。

"这是什么?"

崔宝拉好奇地,撕开了它,一个气球模样的东西出现在眼前。崔宝拉拿着"气球"翻来覆去地看,就是弄不明白它的用途是什么。

这时,妈妈走进来一看,吓了一大跳,赶紧冲过来,一把夺

宝贝,你真聪明啊!

原来是这样啊!也就是说,有了它妈妈就不会再怀小妹妹啰!

走了崔宝拉手里的东西……

那个气球模样的东西究竟是什么呢？妈妈为什么要将它藏在枕头下面？为什么妈妈看到我拿着它会如此紧张？

关于那个奇怪的"气球"，崔宝拉实在有太多的疑问。

这奇怪的"气球"是什么？

这种奇怪的"气球"是一种避孕用的橡胶套。它能避免精子与卵子结合，从而避免怀孕。

心理小课堂

面对未知的世界，谁都会充满好奇心，这很正常。因此，即使我们的脑子里蹦出奇怪的问题，也不要觉得难堪和害羞。让我们勇敢地向父母或老师提出问题，找到答案，满足我们的好奇心，这样更利于我们的健康成长。

美丽的性

教室里,几个男生正围坐在一起,悄悄讨论着什么。崔宝拉不经意从他们身边走过,隐约听到他们的谈话中出现了一个字——性。

顿时,崔宝拉的脸一阵泛红,赶紧逃开了。当她坐回自己的座位上,心情不但没有平复,还自言自语地嘀咕道:"这群男生真不害臊。"

似乎不管是谁,只要提到"性"就会特别害羞,就好像这个词有多恶心似的。究竟是性本身就是难以启齿的事情,还是我们对它的偏见太大呢?

崔宝拉:每次只要有人提到这个字,我就会不自觉地脸红。有些男生好像对这些很感兴趣似的,他们真恶心。

陆诗妍：其实性是一件再平常不过的事，我们完全没必要为此感到害羞，更不应该觉得它很恶心。要知道，正因为有了性，才会有生命的繁衍，是性孕育了美好的生命。因此，性是自然的，而不是肮脏的。

小李老师：我们要正确对待性，既不能过分排斥它，也不能因为太好奇而踏进性的禁区。

★ 如何正确对待性？

·通过图书、影视等了解一些简单、健康的性知识。

·偶尔产生性幻想和性冲动是正常现象，不要为此自责和不安。

·不要因为好奇、冲动和幻想早尝禁果，与男生发生性行为。

·既要了解性，又要在成年之前远离性。

我的"初吻"

"表姐,我的初吻没了!"

当表姐杜冰听到这句话时,着实被崔宝拉吓了一大跳。究竟是怎么回事呢?崔宝拉娓娓道来:

"那天下午,班上大扫除,我正在楼梯口扫地,一个男生一阵风似的冲过来,一不小心被我的扫帚拌了一下。情急之下,我赶紧伸手去扶他,却被他一把拽倒。结果,我俩一起摔在地上,嘴唇碰在了一起。然后……然后,我的'初吻'没了!"

对崔宝拉来说,"初吻"是一件特别神圣的事,结果却因为一个失误突然发生了,却又迅速失去了,她有些惶恐又有点遗憾。

对待初吻,我们可以怀着美好的愿望,但千万别将它变成我们的困扰;而且,吻的意义不仅限于爱情,不同的吻有着不同的意义。

在西方，吻是一种礼仪。

人们见面时，互相亲吻脸颊；绅士为了表示尊重，轻轻亲吻女士的手背；长辈亲吻晚辈的额头……人们用吻传达问候，传递关爱。

 吻代表对亲人的爱。

小时候，爸妈将我们抱在怀里亲吻，表达他们对我们的爱。当我们长大了，也可以用一个亲吻表达我们对爸妈的爱。

另外，兄弟姐妹、长辈与晚辈、亲密的朋友之间也可以用亲吻来表达爱与祝福。

如果从"吻"的广泛意义上来说，我们早在呱呱落地时就已经失去了初吻。因此，不要将"吻"看作是爱情的专有名词，也不要再为意外的嘴唇触碰发愁。

爸爸是特别的男生

"宝拉，以后洗澡记得关门！"

"宝拉，不要再穿着内衣在家里走来走去啦！"

……

面对妈妈的反复叮嘱，崔宝拉却不以为然，她心想：我这是在自己家，何必那么拘束呢？

没办法，妈妈只好耐心地解释道："宝拉，你现在已经是大姑娘了，在爸爸面前当然应该注意一点呀！"

崔宝拉更不明白了，爸爸还是那个爸爸，小时候什么也不用注意，为什么现在这也要注意那也要注意呢？这都是因为爸爸也是男生，只不过是特别的男生。

随着年龄的长大，我们应该要有

适当的性别意识,慢慢地建立自己的隐私空间,即使是对亲爱的爸爸也不例外。

● 在家里也要有性别意识

1. 在家也尽量不要暴露自己的身体

- 在家也要穿衣服。
- 洗澡记得关门。
- 换衣服注意回避家人。

2. 养成一个人睡的好习惯

- 进爸妈的房间前要敲门。
- 不要像小孩子一样赖在爸妈的被窝里。

3. 依然像以前一样爱爸爸和妈妈

用拥抱、亲吻、大声说"爱"等方式表达对爸爸妈妈的爱和关心。

我什么时候可以结婚？

因为一点小事，崔宝拉又被爸爸训斥了一顿。她气呼呼地回到房间，自言自语道："究竟什么时候才能逃离爸妈的手掌心啊？"

这天刚好表姐杜冰也在，见崔宝拉正发愁，就随口安慰道："想要不被爸妈管教，那得等到结婚了才行！"

"结婚？"崔宝拉一听，睁着好奇的大眼睛赶忙问道："那我什么时候可以结婚呢？"

"等你长大了就可以啦！"

从这天起，崔宝拉天天盼望着长大，这样她就可以结婚了，就再也不用听爸爸的教训、妈妈的念叨啦！

可是，怎样才算长大呢？真的长大了就能结婚吗？当然不是。在我国，男生和女生只有到了法定结婚年龄才能结婚。

● **法定结婚年龄**

不管是男生还是女生，到了18岁就是成年人，就是大人了。但长大了并不意味着就可以结婚呀！在我国，法律规定，男生满22周岁、女生满20周岁才能结婚。

● **男人和女人为什么要结婚呢？**

结婚并不是为了逃避爸爸妈妈的管束，而是与相爱的人建立一个幸福美满的新家庭，并且在家庭中承担一定的责任。一旦与相爱的人成为夫妻，彼此成为人生旅途上最重要的伴侣，就要互敬互爱，共同创造美好的生活。

婚姻不是儿戏，需要建立在感情、稳定的经济来源等基础上，就像现在你的爸爸和妈妈那样。只有等我们长大了，我们才有能力去创造自己的家庭。

网络上奇怪的内容

这天，崔宝拉打开电脑上网查资料。突然，屏幕上跳出了一些裸露画面。

顿时，崔宝拉心跳加速，她的心在说："快关掉，快关掉！"可是鼠标越点却越不听使唤，始终关不掉这个网页。

崔宝拉心惊胆战地想：电脑中毒了吗？

从那以后，崔宝拉的脑海里总在回放那个画面，她又开始自责起来："崔宝拉呀崔宝拉，这下好了，你再也不是以前那个单纯的小女孩了。"

其实，崔宝拉无需自责，对未知的事情充满好奇很正常。可是，从现在开始，我们得时刻控制自己的言行了，不要为了成全好奇心而一再地闯进色情的禁地呀！要知道，这对我们的成长是非常不利的。

● **接触色情的危害**

随着好奇心的滋长，渐渐陷入无法自拔的境地，迷恋上色情内容。

不知不觉想要模仿色情内容，性冲动越来越频繁。

心被色情内容占满，再也无法安心学习，成绩直线下降。

脑海中经常浮现出色情画面，甚至把身边的人幻想成色情对象。

导致心理扭曲，形成一些自己难以控制的可怕的性癖好。

远离色情，健康成长！

● 远离黄色电影、黄色小说、黄色刊物，以及各种色情网站和成人娱乐。

● 尽量少胡思乱想，将注意力转移到自己喜欢的事情上，让自己的生活充实起来。

● 多看一些有利于身心健康的书籍，以一颗平常心看待性。

公交车上的怪叔叔

有一天，在拥挤的公交车上，崔宝拉看到了一个奇怪的叔叔。他顶着一头乱糟糟的长发，嘴巴四周留着邋遢的胡茬，身穿一件脏兮兮的黑大衣。一不小心，崔宝拉与他四目相对了，只见他嘴角露出一丝不怀好意的笑容，然后缓缓打开了自己的大衣，将手伸向了皮带的位置……

崔宝拉吓了一大跳，赶紧将视线收回。就在这时，车停了，崔宝拉赶紧跳下了车。当公交车发动时，崔宝拉抬头一看，那个怪叔叔正站在窗口盯着自己，露出诡异的笑容呢！崔宝拉不觉打了个冷战。

不用觉得惊奇，崔宝拉并不是做梦，也不是在拍鬼片，而是遇到了暴露狂。暴露狂是一类心理患上某种疾病的患者，他们常常在光天化日暴露自己的隐私处，以满足自己扭曲的心理需求。如果遇到这种人，我们应该怎么办呢？

1. 视而不见

如果我们因为暴露狂的行为而惊慌失措，这正好使他们目的达成，让他们获得满足感，接下来他们很有可能得寸进尺，做出更恶劣的行为。对付暴露狂最好的办法就是不理睬他们，并离得远远的，这样他们的诡计落空，就不会伤害到你。

2. 寻求大人的保护

如果暴露狂有暴力倾向，我们应该赶快跑到人多的地方，寻求大人的帮助。必要的情况下，我们可以拨打110报警，采取正当手段保护自己。

有个男生掀我的裙子

阳光明媚的早晨,崔宝拉穿着新买的连衣裙,一蹦一跳地走在上学的路上。突然,她忽然觉得背后一阵凉风。猛地回头一看,有个男生正弯着腰站在她身后,将她的裙子掀了起来。

"啊——"崔宝拉大叫一声,一脚踢向那个男生。男生及时一闪,然后笑嘻嘻地朝学校跑去。崔宝拉这才看清楚,原来是班上的调皮王安浩啊!

"男生实在太无聊了!简直就跟那些变态大叔一样。"

崔宝拉别提有多生气,她突然想起表姐杜冰常说的一句话:"男生都是危险的动物!"

男生总爱调皮捣蛋,有时候甚至做出让女生感到恐慌的事。难道男生的天性就是捉弄女生吗?难道男生真是危险的生物吗?

其实,我们对男生有那么一点点误解,有时候他们会做出一些奇怪的举动,并不是因为他们天性很坏,而是因为他们也处在青春期,对女生充满了好奇心。只是他们了解女生的方式有时候太失礼了。

等到男生渐渐长大,他们的心理渐渐成熟,通常就不会做出这种失礼的事情了。

如何制止男生失礼的行为?

☆严厉地告诫男生,表明自己的立场。

☆不要穿太暴露的衣服。

☆不要排斥和孤立男生,以免适得其反。

如何保护自己？

我们生活的世界虽然很美好，但危险也无处不在。很多时候父母不在我们身边，我们也要学会自己保护自己。

遇到下列这些情况，我们应该怎么做才能保护自己呢？

1. 发现有个陌生人总是跟着你。

· 快速走到熟悉的地方，找熟悉的大人保护自己。

· 躲进商店、商场、银行等设有摄像头的人多的公共场所，直至跟踪者主动放弃。

· 想方设法联系家人，让他们知道你的位置。

2. 有人在公众场合触摸你的身体。

· 第一时间躲开并远离这个人。

· 告诉身边熟悉的大人。

· 没有熟人在场则告诉警察叔叔或公众场所的管理员。

3. 遇到陌生人搭讪。

· 不要透露自己的家庭住址、爸妈电话等重要信息。

· 不要随意跟陌生人去任何地方。

· 尽量避免身体上的接触。

· 尽量往人多的地方走。

4. 网友提出要见面。

· 委婉地拒绝网友的要求。

· 即使答应了，也要向爸妈交代清楚，并带上好朋友一起去熟悉的地方赴约。

· 发现此人与网上描述有所不符，马上找机会撤离。

5. 熟悉的大人单独约见。

· 一定要先告知爸妈。

· 即使是熟悉的人，也不要单独跟他去偏僻的地方。

· 如果发现此人有异常的举动，一定要大声呼救。

艾滋病有多可怕？

"你知道秦佳慧的爸爸最近代表民政局去看望艾滋病儿童了吗？"

"天啊！那可是一种很恐怖的病，听说只要碰了艾滋病人就会被传染呢！"

当崔宝拉听到同学们的议论时，吓了一跳，因为就在不久前，她还和秦佳慧在一起玩过呢！

崔宝拉虽然知道秦佳慧最近没灾没病，还是那样欢蹦乱跳的，但她还是心里七上八下地担心，会不会传染上艾滋病病毒呢？

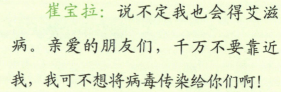

崔宝拉：说不定我也会得艾滋病。亲爱的朋友们，千万不要靠近我，我可不想将病毒传染给你们啊！

陆诗妍：别自己吓自己了，哪有那么容易就得艾滋病？我听爸爸说，艾滋病只有三种传播途径：血液传播、母婴传播和性传播。因此，身体上的接触、吃同样的食物根本不会传染艾滋病。

什么是艾滋病？

艾滋病是一种综合征，艾滋病病毒会破坏人的免疫系统，使人体患上各种疾病。不过，艾滋病病毒只能在人体外存活几秒钟，所以在一般的公共场所中，人并不容易被传染上艾滋病。

关爱艾滋病患者

艾滋病并不像我们想象的那样恐怖，可是因为长期以来形成的世俗观念，使得艾滋病人常常被孤立，被唾弃。当我们正确认识了艾滋病后，应该关爱那些艾滋病患者，给他们送去温暖和爱。

偷穿妈妈的高跟鞋

拿出妈妈的高跟鞋，套在自己的脚上，学着大人的样子走来走去。小小的脚丫踩着船一样的鞋笨拙地行走，有时还一不小心摔倒了，却乐此不疲。这是崔宝拉一个人在家的时候最喜欢做的事。不过她从没告诉任何人，这是她一个人的秘密。

可是，有一次，她的秘密被突然闯进房间的妈妈发现了。妈妈站在门口，像看怪物一样看着穿高跟鞋的崔宝拉，得出了这样的结论："崔宝拉，你发什么神经呢！"崔宝拉的脸顿时红得像熟透的苹果……

从那以后，就连崔宝拉自己也常常无法理解自己，是不是自己真的很奇怪？别的女孩子难道不会这样吗？

其实，像崔宝拉这么大的女孩子，都有类似的经历哦。偷穿妈妈的高跟鞋，将妈妈的长裙在身上比来比去……宝拉的妈妈一定是忘记了，在

她自己小的时候,其实也偷穿过宝拉外婆的高跟鞋呢!这一点儿也不奇怪!

女孩为什么偷穿妈妈的高跟鞋呢?

其实,这是女孩追求美的一种早期特征,也是对性别意识的启蒙。女孩渐渐意识到自己是女孩,而且渐渐发现,女孩区别于男孩的显著标志,其中一项就是穿高跟鞋。于是,女孩便对"高跟鞋"有了一种特别的憧憬。对女孩来说,"高跟鞋"是美的代名词,也是长大成熟的标志。

女孩秘密大公开

陆诗妍:趁妈妈不在家,我偷用过她的化妆品,结果把自己化成了大花脸。

周曼:我经常在家穿妈妈的衣服,然后和妹妹一起玩"妈妈照顾宝宝"的游戏。

杜冰:我有一次偷穿过妈妈的内衣,虽然很害羞,却觉得十分有趣。

瞧!原来每一个女孩都有偷偷穿戴妈妈衣物的经历呢!不要觉得不好意思,也不要误以为自己很奇怪。你只是在成长,在走向越来越美好的自己。

爱打扮成男生的女生

崔宝拉班上有一个特别的女生,她从来不穿裙子,和男生一样只穿裤子和T恤,还剪了一头利落的短发。崔宝拉第一次见到她时,还误以为她是男生呢!不过她一出声就露了馅儿。

哇!原来她也和我一样喜欢Hello Kitty呀!

原来她也和其他女生一样喜欢撒娇呀!

崔宝拉常常在想：好端端的女生，为什么要打扮成男生的样子呢？难道她希望自己变成男生吗？她不会心理有问题吧？

班里好多同学也有同样的疑问，于是他们将这个男生打扮的女生看作异类，都不愿意和她做朋友。

其实，我们的身边会有一些中性打扮的女生，从表面上看起来她们很不一样，其实只要深入了解就会发现，她们和我们并没有什么不同，只是装扮习惯和性格稍微有些个性罢了。

正确对待身边的特别

● 不要仅从一个人的外表去判断她（他），而是要通过接触了解对方的内心世界，再决定要不要和她（他）做朋友。

● 不要因为对方有一点特别，就全盘否定她（他），只有接纳别人，我们才会得到别人的理解和认可。

● 真诚地关心身边特别的朋友，帮他们走出极端和孤僻，使他们真正融入集体中，并引导他们建立积极健康的心态。

我的怪癖

崔宝拉——我从来不吃别人吃过的东西,也不喜欢别人为我夹菜。

杜冰——我除了写字用右手,吃饭、刷牙、打球全都用左手。

陆诗妍——我的课桌里的东西一定要按规定好的顺序摆放,只要稍微有一点变动,我就会感到不安。

几乎每个人都有一个或几个与众不同的癖好。这些癖好有些很古怪，有些很极致，有些癖好让我们看起来很特别，让身边的人感到惊奇，有些却不可理喻，让人感到抓狂。

● 怪癖的两大类：

1. 在不知不觉中形成的癖好。

这类癖好通常很难改掉，它有可能会伴随我们的一生。我们不必为此感到苦恼，只要不给自己的生活造成困扰，不给别人带来不便，小小的怪癖根本无伤大雅。

2. 为了显示自己的特别，而制造出来的一些怪癖。

如果只是为了突显特别，这样的怪癖大多会招致别人的反感，我们完全没有必要这样做，因为每个人都是世界上独一无二的，即使没有奇怪的癖好，我们也可以成为自己心中最特别的那一个。

女孩，你有哪些有趣的癖好？将它写下来吧！并认真分析一下，它属于哪一类。如果是第二类，就要及时改正啊！

我的癖好：_____